DIEU

ET LES

MYSTÈRES LES PLUS REMARQUABLES

DU RÈGNE ANIMAL,

par

A. P. S....,

NATURALISTE.

OUVRAGE ILLUSTRÉ PAR UN BEL ATLAS.

Le Traité de la Chenille par Lyonet,
est à la fois le chef-d'œuvre de l'anatomie
et celui de la gravure.
Les Mémoires de Réaumur sont admirables par le nombre et la beauté des
observations qu'ils renferment.

CUVIER.

TOME PREMIER.

PARIS.

CHEZ LES PRINCIPAUX LIBRAIRES.

1846.

(Atlas in 4º mr S)
7256

DIEU

ET LES

MYSTÈRES LES PLUS REMARQUABLES

DU RÈGNE ANIMAL.

METZ. — IMPRIMERIE DE S. LAMORT.

DIEU

ET LES MYSTÈRES

LES PLUS REMARQUABLES

DU RÈGNE ANIMAL,

COMPRENANT

Le Traité abrégé de la Chenille et du Ver à Soie de Lyonet,
un grand nombre d'observations sur différents Insectes,
les beautés de Réaumur sur l'Entomologie, avec Notes,
Réflexions, Eloges et Notices ;

PAR A. P. S....,

NATURALISTE.

OUVRAGE ORNÉ D'UN BEL ATLAS, RENFERMANT 171 FIGURES.

Le Traité de la Chenille par Lyonet, est
à la fois le chef-d'œuvre de l'anatomie et celui
de la gravure.
Les Mémoires de Réaumur sont admirables
par le nombre et la beauté des observations
qu'ils renferment.

CUVIER.

TOME PREMIER.

PARIS.

CHEZ LES PRINCIPAUX LIBRAIRES.
1846.

INTRODUCTION.

Dans la grande étude de la nature
les faits les plus simples touchent aux
conséquences les plus merveilleuses.

FLOURENS.

L'étude de l'Histoire naturelle, devant
être considérée comme le complément indispensable d'une bonne éducation, a été
ajoutée, de nos jours, aux études classiques. Les auteurs de cette innovation se
sont proposé, évidemment, non-seulement
d'augmenter les connaissances de l'homme;
mais surtout de graver plus profondément

dans son esprit sa croyance en Dieu, en lui faisant connaître les merveilles qu'il a créées.

Il faut l'avouer, cet essai n'a pas été complètement satisfaisant. On est forcé de convenir que jusqu'alors, on a recueilli de bien faibles avantages de cette nouvelle étude (1). Ce résultat presque négatif, une fois bien constaté, on a été porté, tout naturellement, à croire que les causes de cette espèce d'indifférence, pour une science si belle, si morale et si étendue, devaient exister dans le mode d'enseignement. Pour s'en assurer, il a fallu lire, avec attention, les principaux traités élémentaires d'Histoire naturelle qui ont été publiés de nos

_____

(1) Il est seulement question, dans cette Introduction, de la partie de l'Histoire naturelle qui traite du règne animal.

jours, et surtout ceux qui ont été adoptés comme classiques. On doit le reconnaître, la lecture de ces ouvrages n'a fait que confirmer cette opinion déjà généralement admise : « Que l'on ne saurait faire un trop grand éloge de la plupart, comme ouvrages méthodiques ; mais que leurs auteurs, ayant eu en vue seulement les principes de la science, et ayant été dans l'obligation de se renfermer dans un cercle fort limité, n'ont pu, malheureusement, y introduire qu'un très-petit nombre de ces observations qui constituent, à elles seules, l'Histoire naturelle philosophique (1) qui

(1) Par Histoire naturelle philosophique, on ne veut pas parler de cette science, purement matérielle, déjà trop répandue, et consistant à classer méthodiquement chaque objet ; à distinguer, par exemple, un coléoptère d'un hémiptère, d'un névroptère, etc., etc. ; mais on veut parler de cette étude philosophique, si pleine d'intérêt, qui doit nous faire connaître la perfection que la nature

doit traiter, principalement, de ces intéressants détails de mœurs, et d'organisation
toujours appropriées parfaitement au genre
de vie de chaque animal. » Aussi n'a-t-on
pas hésité à attribuer uniquement à cette
cause le peu de zèle que l'on montre généralement pour cette belle science.

On a d'autant moins hésité à admettre
cette opinion que le fond en est repro-
duit, sous différentes formes, par plusieurs
naturalistes, dans des plaintes que l'on
peut résumer, à-peu-près, en ces ter-
mes : « L'amour des collections a presque
» fait oublier l'étude de l'organisation, des
» mœurs et de l'industrie des animaux : les
» divisions, les subdivisions établies de nos

a mise dans la construction des organes des animaux,
pour les rendre propres à remplir les fonctions auxquelles
elle les a destinés.

» jours, ont nécessité une foule de déno-
» minations nouvelles, aussi les ouvrages
» purement scientifiques deviennent-ils
» inabordables pour les personnes qui ne
» cherchent que leur agrément dans l'Histoire
» naturelle, et pour les philosophes qui
» aiment à découvrir dans quel but chaque
» organe a été créé. »

Voulant combler une partie de cette lacune, plusieurs écueils étaient à éviter : d'abord, puisque nous ne manquons pas d'excellents livres élémentaires, ni d'ouvrages purement scientifiques, on ne devait pas songer à en reproduire un nouveau, il fallait également renoncer à cette folle prétention de publier un ouvrage qui pût suffire à décrire toutes les merveilles de la nature ; parce qu'il faudrait un livre trop volumineux pour décrire ces merveilles innombrables : déjà plusieurs auteurs ont entrepris cette tâche, et, quoiqu'animés des meilleures intentions, ils n'ont pu traiter que superficiellement les nombreux sujets renfermés dans le cadre immense de la nature. C'est précisément ce que l'on a voulu éviter dans cette nouvelle publication qui ne doit être, cependant, considérée que comme un essai de ce que l'on pourrait faire en ce genre ; aussi s'est-on renfermé dans le titre de : DIEU ET LES MYS-TÈRES *les plus remarquables* DU RÈGNE ANI-MAL (1). Si l'on a adopté préférablement la classe des insectes ; c'est parce qu'elle est la plus intéressante, et celle qui présente

(1) Cet essai étant destiné, non-seulement aux élèves, mais encore à toutes les personnes qui possèdent déjà des connaissances en Histoire naturelle, on se dispensera d'entrer dans certains détails élémentaires ; parce que l'on veut, avant tout, que cette lecture ait tout le charme de la variété et tout l'attrait de l'imprévu.

aux observateurs philosophes le plus grand nombre de faits merveilleux.

L'étude de cette classe, malgré sa supériorité incontestable sur les autres parties de l'Histoire naturelle, est, il faut en convenir, bien moins suivie qu'elle ne devrait l'être (1). On espère que cette publication contribuera puissamment à la faire mieux apprécier. Pour atteindre ce but, on se propose de reproduire ce qu'il y a de plus

(1) La preuve la plus convaincante que l'on puisse apporter à l'appui de cette opinion ; c'est que les ouvrages des Buffon, des Lacépède se trouvent dans toutes les bibliothèques ; tandis que ceux des Réaumur, des de Géer, des Lyonet, des Swammerdam, des Latreille, des Léon Dufour, des Strauss, etc., sont très-peu répandus. Cependant tous ces savants entomologistes pourraient être appelés avec justice les Buffon et les Lacépède des insectes ; car ils ont même scruté plus à fond les mœurs et l'organisation de cette classe d'animaux que Buffon et Lacépède, les mœurs et l'organisation des quadrupèdes vivipares, des oiseaux, des quadrupèdes ovipares, des reptiles et des poissons.

remarquable dans les immortels Mémoires de Réaumur, et dans le sublime Traité de la Chenille par Lyonet (1).

Pour rendre cette publication plus profitable et la tenir au niveau de la science actuelle, on y a joint un choix d'observations sur les mœurs, l'organisation et l'industrie de différents insectes (2). On est persuadé

(1) Le ver-à-soie étant, ainsi que la chenille du saule, du genre bombyx, son anatomie présente peu de différence : c'est cette analogie d'organisation qui m'a engagé à le comprendre dans le titre adopté pour cet Abrégé, afin que les personnes qui élèvent des vers-à-soie, et qui jusqu'alors se sont plutôt occupées du produit de ces insectes que de leur merveilleuse organisation, aient l'idée de prendre connaissance de ce traité.

(2) Nous appelons surtout l'attention des lecteurs sur cette série d'observations, qui est placée à la suite du traité de Lyonet* ; nous engageons même ceux qui auraient peu de connaissances anatomiques à commencer la lecture de ce volume par cette dernière partie, à laquelle nous avons ajouté beaucoup de notes, pour tâcher de faire ressortir tout l'intérêt de cette étude.

* Pour la lecture de ce traité, voyez l'observation de la page xiv.

que ceux qui liront, avec attention, toutes
les parties qui seront extraites des livres de
Lyonet et de Réaumur, y puiseront l'intime
conviction que cette lecture est la plus propre
à donner une idée sublime de la divinité.
En effet, existe-t-il une science dévoilant
autant de merveilles que l'histoire des insectes ; ils sont tellement nombreux qu'il est
évident que ce sont eux qui constituent le
fond principal du règne animal? Aussi ne
doit-on pas songer à les faire connaître tous,
il doit suffire d'étudier les principaux genres,
et surtout ceux qui se présentent souvent
aux regards, de savoir ce qu'ils offrent de
particulier, comment ils se nourrissent, les
formes diverses qu'ils prennent durant leur
vie, de quelle manière ils se multiplient et
de quelle merveilleuse industrie l'Être-Su-
prême les a doués pour leur conservation.

C'est surtout, en se livrant à une étude réfléchie de cette classe intéressante, que le lecteur aura l'occasion d'admirer la nature; il verra, à chaque page, combien sont grandes les ressources qu'elle possède, et avec quelle sublime sagesse, elle a su les combiner et les varier à l'infini, tout en conservant la plus parfaite harmonie dans toutes ses créations.

OBSERVATION ESSENTIELLE

Et particulière à la lecture du premier volume.

Les personnes qui n'ont que de très-légères notions d'Histoire naturelle, et qui pourraient s'effrayer de certains détails anatomiques que nous ne pouvions nous dispenser de reproduire, feront bien de lire d'abord les pages 1 à 4, 33 à 45, 54 à 57, 65 à 66, 72 à 76, 104 à 106, 129 à 145; puis, les articles sur les yeux composés, sur les œufs des insectes ; ensuite les notes des pages 27, 43, 65, 75, 79 et 87. Cette lecture préliminaire, jointe à l'explication des planches (1) et, surtout, à l'examen attentif des figures, leur donnera déjà une haute idée de la merveilleuse organisation de la chenille, des étonnants travaux de Lyonet, et de tout l'intérêt que peut offrir l'histoire des insectes, étudiée à son point de vue philosophique.

(1) Les planches que nous avons reproduites, pourront donner une idée exacte de celles de Lyonet. MM. Adrien Linden et Fourche, jeunes artistes auxquels nous les avons confiées, ont rempli cette tâche difficile avec beaucoup de succès.

NOTICE SUR LYONET.

Lyonet (Pierre) * naquit le 21 juillet 1707, à Maëstricht, d'une famille originaire de Lorraine. Son père Benjamin Lyonet, le destinant au ministère évangélique, dirigea son éducation dans cette vue.

Il avait tant de facilité pour apprendre les langues, qu'il sut en peu d'années le latin, le grec, l'hébreu, le français, l'italien, l'espagnol,

* Avocat, interprète, maître des patentes et déchiffreur de leurs Hautes Puissances, membre de la Société royale de Londres, de la Société des sciences de Hollande et de l'Académie royale de Rouen.

l'allemand et l'anglais ; malgré le temps que devait absorber l'étude de ces langues diverses, il se livrait encore aux sciences, s'occupait de dessin et de sculpture, et fit également de grands progrès dans ces deux arts.

Dès qu'il fut assez âgé pour faire lui-même un choix, il abandonna la théologie, pour se livrer à l'étude du droit. Dans la suite, il employait ses heures de loisir à dessiner des objets d'histoire naturelle et particulièrement des insectes ; il fit même un admirable recueil de dessins coloriés de ceux des environs de la Haye. Frappé de voir dans les œuvres de Dieu des preuves évidentes de sa sagesse et de sa puissance, il publia d'abord des remarques sur les insectes, dont il enrichit, en 1742, la traduction française de l'ouvrage de Lesser, intitulé : *Théologie des insectes.*

Le principal ouvrage de Lyonet est, le *Traité anatomique de la chenille qui ronge le bois du saule**, il forme un volume in-4° de plus

---

* La Haye et Amsterdam, 1760.

de six cents pages, orné de dix-huit planches. Cet ouvrage lui acquit une très-grande célébrité comme anatomiste et comme graveur ; car les planches sont considérées comme des chefs-d'œuvre.

OPINIONS DE DIVERS AUTEURS

SUR L'OUVRAGE DE LYONET (1).

Le Traité anatomique de la chenille du saule par Lyonet, est à la fois le chef-d'œuvre de l'anatomie et celui de la gravure. CUVIER.

L'inimitable travail de Lyonet, sur la chenille du saule, est un véritable chef-d'œuvre d'habileté et de patience. CARUS.

Le Traité de la chenille du saule par Lyonet, est une des plus belles démonstrations, en fait, de l'existence d'une première cause. BONNET.

Le Traité anatomique de la chenille du saule par Lyonet, est un des plus admirables ouvrages qui aient jamais paru sur l'anatomie d'aucune classe d'animaux. Ce livre lui a valu une réputation immortelle ; Lyonet était un de ces hommes doués d'une capacité universelle, tels qu'il en apparaît à d'assez rares intervalles. LACORDAIRE.

Le Traité anatomique de la chenille du saule, est un chef-d'œuvre en tout genre. Lyonet doit être en tout, même en morale, le modèle du naturaliste. DE TIGNY.

La chenille dont il est ici question n'est peut-être pas celle qui a fait le sujet de l'*admirable ouvrage* et des Observations anatomiques du *célèbre* Lyonet, etc. Extr. du Dict. des Sciences naturelles (art. Cossus).

Dans son remarquable éloge historique de G. CUVIER, placé en tête de sa savante Analyse raisonnée des travaux de ce grand naturaliste, M. Flourens, secrétaire perpétuel de l'Académie des sciences, qualifie le traité de Lyonet du titre de : *Travaux célèbres, d'ouvrage dans lequel les détails les plus délicats et les plus secrets de la structure de la chenille, ont été mis au jour et développés.*

(1) Il nous a semblé qu'il serait convenable de placer en tête de notre Abrégé, l'éloge que plusieurs naturalistes ont fait du Traité de Lyonet : la publicité de ces opinions émises par des hommes dont personne ne peut récuser ni l'impartialité, ni les talents, contribuera, nous aimons à le croire, à faire rechercher cette nouvelle publication.

DIEU ET LA CHENILLE.

Tu le savais, ô toi dont l'âme fut si belle,
Lyonet! des savants le plus parfait modèle;
Ton talent fut sublime, etc.

                DELILLE.

En publiant cet ouvrage, nous espérons démontrer, avec la plus grande évidence, aux personnes qui voudront bien le méditer, qu'il n'existe dans la nature aucun animal connu, qui ait une vie si remplie de faits surprenants que le papillon; on dirait que cette bonne mère s'est plu à répandre sur cet insecte ses plus grandes faveurs, tant elle a fait de préparatifs pour l'amener à son état de perfection! Aussi, devrait-on nous accuser d'émettre un paradoxe; nous affirmons que la chenille est une des plus admirables créations qui soient sorties des mains de Dieu. Nous avons pensé faire le plus grand plaisir à nos lecteurs, en choisissant, pour base de cette démonstration (1), l'immortel traité de Lyonet sur la chenille, auquel nous avons ajouté un article qui résume tout ce que l'on sait de plus positif sur la sublime organisation des yeux composés des papillons et autres insectes.

(1) Cette démonstration sera rendue encore plus évidente, dans un autre volume, par les curieuses observations qui seront extraites des Mémoires du célèbre Réaumur.

IDÉE SUCCINCTE

DE L'OUVRAGE DE LYONET.

Lyonet fit l'anatomie d'une seule chenille, qu'il prit comme type pour faire voir quelle complication incroyable existe dans l'organisation de certains insectes. Ce célèbre et infatigable observateur, prévoyant, sans doute, qu'il ferait un traité immortel, parce qu'il allait dévoiler des merveilles, eut la constance, pour exécuter son entreprise, d'anatomiser des chenilles pendant dix ans; cette anatomie fut, pour lui, un travail immense : aussi place-t-on son livre et les planches qui l'accompagnent au nombre des chefs-d'œuvre les plus étonnants de l'industrie humaine. L'auteur décrit, dans son traité, toutes les parties de la chenille, avec plus de détails et d'exactitude que celles des animaux les plus gros ne l'ont jamais été. Tout est rendu dans ses planches par des artifices de gravure tellement délicats, par des tailles d'une netteté si parfaite et si admirablement appropriées au tissu des substances qu'elles doivent exprimer, que l'œil saisit tout avec la plus grande facilité.

Les observations de Lyonet sont tellement surprenantes qu'elles parurent d'abord incroyables ; et il fut obligé, pour obtenir la pleine confiance du public, d'en rendre témoins des hommes compétents, tels qu'Albinus et Alamand.

Nous allons donner une partie de son intéressante préface pour faire connaître à nos lecteurs :

1° L'exactitude et les soins qu'il mit à l'exécution du texte et des planches de son ouvrage ;

2° L'admiration dont il était pénétré, lorsqu'il observait la structure des organes des insectes ;

3° Les craintes qu'il eut que l'on n'ajoutât pas foi à ses découvertes, et les précautions qu'il prit pour que chaque naturaliste pût vérifier ses observations.

EXTRAIT

DE

LA PRÉFACE DE LYONET.

« Voici un ouvrage, peut-être aussi singulier par son motif, qu'il l'est dans son espèce. L'étude des insectes a bien été, depuis longtemps un de mes amusements favoris ; mais, dans l'habitude où j'étois (1), à leur

(1) On a conservé l'orthographe de Lyonet, dans toutes les parties extraites de son ouvrage,

égard, d'errer d'objets en objets, et d'en rassembler de tout genre, pour en faire un recueil historique, que je me proposois de publier un jour, je n'eusse jamais cru qu'un seul de ces animaux eût pu m'arrêter tout court, et me faire abandonner cette entreprise, déjà très-avancée, et cela, pour donner dans un genre d'étude, qui m'étoit des plus nouveaux, et pour lequel je n'avois même jamais eu aucun panchant : moins encore me serois-je imaginé qu'un mouvement aussi ignoble que celui du dépit (1), eût pu produire cette espèce de révolution, et me faire entreprendre, et finir un ouvrage aussi pénible que celui-ci. C'est pourtant ce qui est arrivé, et voici comment.

(1) On voit, d'après l'aveu de Lyonet, que nous devons son chef-d'œuvre à un mouvement de dépit. Excusons ce savant d'avoir montré un peu d'humeur contre des auteurs qui publiaient des observations analogues à celles qu'il se proposait de livrer à la publicité, après avoir sacrifié des années entières à leur rédaction.

Le recueil d'Observations que Lyonet dit avoir abandonné, a été publié en 1832, en deux volumes in-4°, par M. Hahn ; Paris.

» En travaillant à mon recueil historique, on conçoit qu'il n'étoit guères possible que l'attention, que je donnois à chaque objet, dans un genre d'étude si peu approfondi, ne me fît faire des découvertes. J'en fis, et plusieurs m'en parurent aussi nouvelles que singulières. Malheureusement pour moi, d'autres courrant la même carrière, virent plusieurs des choses que j'avois vues, et s'étant fait un plan moins étendu, m'enlevèrent, en publiant leurs observations, une espèce d'honneur que je croyois avoir également mérité. Picqué de ce que cela ne m'étoit arrivé déjà que trop souvent, je me dégoutai insensiblement de ma première entreprise, et enfin l'abandonnant tout-à-fait, je me déterminai pour une autre, dont les difficultés me parurent propres à me laisser le champ libre. Après quelques essais sur différents insectes, je m'arrêtai à la chenille, qui fait le sujet de cet ouvrage, et j'en entrepris l'anatomie sans craindre qu'on

ne m'y devançât ou ne m'y prévînt; mais
encore s'en fallut-il peu que je ne me fusse
mécompté ; et si M. de Geer, chambellan
du roi de Suède, et émule de feu l'illustre
M. de Réaumur, avoit eu, pour travailler,
les mêmes avantages que moi, l'anatomie,
que, dans le premier de ses mémoires, il
a essayé de donner des chenilles , et en
particulier de celle qui m'a servi de sujet,
auroit pu rendre inutile toute ma nouvelle
entreprise. Heureusement pour moi, nos
yeux ne se sont pas trouvé faits de même :
les siens ne lui ont représenté les objets
que comme très-simples et sans détail ; les
miens me les ont fait voir comme très-com-
posés, et dans un détail immense ; ce qui
a rendu nos figures et nos descriptions si
dissemblables, que je ne doute pas que leur
confrontation ne fournisse, à nos génies
créateurs modernes, une heureuse occasion
de bâtir de nouveaux systèmes , et de démontrer, car ils démontrent tout, que la

structure intérieure des insectes , n'ayant
rien de fixe, il en résulte incontestablement ,
c'est le ton de ces grands hommes , que les
insectes doivent leur existence à un concours
fortuit de monades , d'atomes , ou de molécules organiques différemment assemblés (1);
et que, si l'on trouve ces petits animaux
plus composés en Hollande qu'en Suède,
c'est parce que les principes , dont la rencontre les a produits , ont eu moins d'activité et de panchant à s'unir dans un climat
froid, que sous un ciel plus tempéré. Mais,
sans entrer plus avant dans des spéculations,
dont la sublimité passe ma sphère, et laissant ces hautes discussions à des génies nés
pour généraliser toutes choses (*), et com-

(1) Si Lyonet écrivait de nos jours, il est probable
qu'il n'introduirait pas dans sa Préface cette tirade un peu
acerbe , adressée aux partisans du concours fortuit de
monades, etc., pour la formation des insectes ; nous nous
plaisons à croire que dans notre dix-neuvième siècle,
il se trouve peu d'hommes, s'occupant d'histoire naturelle,
qui soutiennent encore cette opinion.

(*) « Je me rappelle ici qu'un des auteurs de la *Biblio-*

poser ce que de misérables esprits géomè-
tres osent appeler des romans, des rêves,
ou des délires philosophiques, la vue des
essais de M. de Geer m'ayant rassuré, et
fait comprendre, que mon travail pourroit
encore avoir un air nouveau, je le conti-
nuai, et il auroit été fini il y a plus de six
ans, si des objets plus intéressans ne me
l'eussent entièrement fait discontinuer, dans
un temps où il ne me restoit qu'à graver
mes planches, pour avoir tout achevé. Mais
les emplois que j'occupe m'ayant fait entrevoir dans les affaires, un vuide qu'il me

theque raisonnée, dans une dispute, où il s'étoit échauffé,
contre moi, à soutenir l'hypothèse des animalcules, ne
sachant plus que répondre, s'avisa de changer tout à coup
de batterie, de me prêter, de sa pure grace, l'hypothèse
des développemens, et de la combattre comme si c'étoit
mon opinion; mais il s'est fort trompé, s'il l'a cru sé-
rieusement. J'ai toujours eu si peu de goût pour tout ce
qu'on appelle systêmes, ou plutôt hypothèses, que j'ai
mille fois souhaité qu'on les bannit de toutes les sciences,
et même de la théologie, tant à cause de leur incertitude,
qu'à cause du peu de fruit qu'on en retire, et du mauvais
usage que l'on en fait. »

parut utile de remplir, cette découverte me
fit aussitôt quitter les insectes, et, sans prendre avis, ni en être requis de personne, j'en-
trai dans une lice, où je me trouvai tout aussi
neuf, que je l'avois été en anatomie, et j'eus
le bonheur d'y réussir assez, pour m'apercevoir qu'on cesse quelquefois d'être agréable,
lorsqu'on commence à devenir nécessaire.
Cela ne me rebuta pourtant pas. Je conti-
nuai encore pendant cinq ans le même travail. Enfin, S. A. R., Madame la princesse
gouvernante, sensible à mon procédé, m'en
ayant fait témoigner sa satisfaction, s'offrit
de me récompenser, en me laissant le choix
des emplois qui viendroient à vaquer. Con-
tent de ma fortune, *je* ne jugeai pas à propos
de profiter de cette offre, et je me bornai à
quelque marque publique de distinction,
qu'elle m'eût fait donner, sans des obstacles,
dont ce n'est pas ici le lieu d'instruire le
public. Quoi qu'il en soit, ce qui se passa
alors, me fit ressouvenir de mes insectes,

et si je ne me repentis pas d'avoir, pendant six ans, usé mes facultés à servir ma patrie, je regrettai du moins d'avoir abandonné si longtemps un ouvrage que je désirois d'achever. Je pris le burin, dont j'avois presque oublié le maniement ; et au bout environ de deux ans et demi de travail, souvent interrompu, je parvins à finir mes dix-huit planches, dont je gravai, pour plus de précision, moi-même toutes les lettres et l'écriture. C'est ainsi, comme l'on voit, que cet ouvrage est plutôt le fruit de quelques boutades de mauvaise humeur, que d'un goût décidé pour l'anatomie.

» Qu'on ne croie cependant pas, pour cela, que j'aie traité mon sujet négligemment : j'y ai donné autant d'attention que si j'y avois trouvé un extrême plaisir, et j'ai poussé l'exactitude à un tel point, que quand il y seroit allé du repos de l'Etat, ou du bien de l'Europe, je ne crois pas que j'eusse pu la porter au-delà de ce que j'ai fait : aussi peut-on compter, que quand je m'énonce affirmativement, et je le fais presque partout, ce n'est qu'après avoir reconnu, par un examen attentif et réitéré, que la chose, dans mon sujet, s'est trouvée telle que je le dis. Dès que l'extrême délicatesse des parties, leur enlacement, ou quelque dérangement, causé par la dissection, ne m'ont pas permis de parvenir à ce degré de certitude, ce qui n'est arrivé que rarement, je quitte le ton positif, et je me contente de dire, *j'ai cru voir; il m'a semblé; il m'a paru,* que la chose étoit ainsi » (1).

Après avoir donné quelques explications, sur les moyens qu'il a employés pour obtenir des figures aussi parfaites que possible, Lyonet fait connaître, en peu de mots, le plan de son ouvrage, et convient qu'il aurait

(1) Ces aveux si naïfs et faits avec tant de franchise ne doivent-ils pas suffire pour nous convaincre que notre auteur a tout décrit, dans son traité, avec la plus grande exactitude ?

désiré pouvoir supprimer les chapitres des nerfs, notamment celui des bronches, dont les détails sont un peu longs et même fatigants à la lecture ; tout en reconnaissant qu'il ne devait pas prendre sur lui de les retrancher d'un traité anatomique, publié pour la première fois, il conclut que ceux qui ne voudront pas lire celui des bronches, pourront se contenter d'examiner, avec attention, les figures (1) ; ensuite, il continue ainsi :

« On sera peut-être surpris qu'en parlant, il n'y a qu'un moment, de l'usage des bronches, je ne leur aie point attribué celui de servir à la respiration (2) ; mais on verra dans cet ouvrage que je n'ai rien découvert jusques ici qui me détermine à croire que

(1) Nous avons donné ce passage de sa préface dans notre avertissement.

(2) Plusieurs savants entomologistes modernes ont prouvé, par des expériences réitérées, que les bronches (trachées) des insectes servaient réellement à la respiration, contrairement à l'opinion émise ici par Lyonet.

la chenille ait une respiration proprement
dite, et semblable à la nôtre. Il est vrai que
l'on ne peut douter que l'air ne soit très-né-
cessaire à cet insecte, et même encore pour
d'autres usages que pour celui du mouvement, puisque les bronches ne le répandent
pas seulement dans les muscles, mais dans
toute l'habitude du corps de l'animal, par
un nombre prodigieux de conduits qui s'y
distribuent à perte de vue, jusques dans les
parties les moins capables de se mouvoir,
comme la graisse, etc. Avec tout cela ce
besoin d'air n'est pourtant pas si absolu,
qu'une chenille ne puisse très-longtemps
s'en passer sans en paroître aucunement in-
commodée; aussi n'ai-je jamais pu appercevoir, aux chenilles, quelque attention que
j'y aie donnée, ce mouvement alternatif et
régulier d'inspiration et d'expiration, qui
caractérise la respiration proprement dite.
On sait d'ailleurs, que les chrysalides sont
des chenilles sous une autre forme. J'avois

ci-devant mis en doute si elles respiroient. M. de Geer a combattu ces doutes. Et maintenant, il paroît bien démontré qu'elles ne respirent point du tout ; à moins qu'on ne veuille nier la vérité d'un très-grand nombre d'expériences, que M. Martinet a faites pour éclaircir ce point, et dont il a publié le détail dans une dissertation latine de la respiration des chrysalides, imprimée à Leide en 1753, et si cet insecte en son état de chrysalide ne respire pas, on hasarderoit certainement beaucoup d'affirmer sur une analogie, souvent trompeuse, qu'il respire dans son état de chenille, quoi qu'elle soit privée du principal organe de la respiration, je veux dire les poumons.

» Un autre doute, qui m'est resté sur un point du moins aussi important, est de savoir si la nutrition se fait, dans les chenilles, d'une façon semblable à la nôtre, et si ce que l'on a toujours appelé le cœur de cet insecte, n'est pas un viscère destiné à un usage très-différent. On verra dans ce traité, peut-être avec surprise, que quoique ce vaisseau, qui est des plus grands, soit rempli d'une liqueur assez propre en apparence à pouvoir faire l'office de sang, et que cette liqueur y soit constamment agitée par des systoles et diastoles régulières, je n'ai pourtant trouvé, à ce viscère, aucun indice d'aorte, de veine cave, ni même d'aucune veine ni artère que ce soit, par où la liqueur pût se répandre dans toutes les parties du corps, et retourner au cœur (1). Je n'ai

(1) Voici le point le plus problématique et le plus controversé de l'anatomie et de la physiologie des insectes. Plusieurs naturalistes modernes, parmi lesquels nous citerons l'immortel Cuvier, le savant Marcel de Serres et l'infatigable Léon Dufour, n'ont pu, malgré les nombreuses dissections qu'ils ont faites, reconnaître un véritable cœur chez les insectes * ; mais M. Straus Durckheim, à qui nous devons un excellent ouvrage sur l'anatomie comparée des animaux articulés, faisant revivre l'opinion de Malpighi et de Swammerdam, considère le cordon

* Ces auteurs distingués pensent que la seule circulation générale qui existe dans les insectes est celle de l'air, et le célèbre Cuvier a avancé le premier que toutes les fois que le sang ou l'humeur nutritive ne va pas chercher l'air, il faut que ce soit l'air qui aille le chercher.

même trouvé en aucun autre endroit de l'animal la moindre trace quelconque de veine ni d'artère, et il est assez apparent, que s'il y en eût eu d'analogues à celles des grands animaux, elles ne m'eussent point échappé, puisque j'ai bien pu suivre ses nerfs, qui dans notre corps ont généralement moins d'épaisseur que les veines, et que j'ai même suivi dans un très-grand détail ses bronches, qui par leur quantité sont encore plus difficiles à suivre en ce sujet, que ne le sont les nerfs.

» Tout cela donne bien lieu de douter, que ce qu'on appelle le cœur de la chenille, le soit effectivement, et que la nutrition dans ces animaux se fasse d'une façon sem-

dorsal comme un cœur uniquement artériel, composé d'un certain nombre de chambres séparées par des valvules: l'organisation admirable de ce cœur, décrite par M. Straus, suffirait, à elle seule, pour motiver notre enthousiasme pour l'étude des insectes. Nous espérons revenir un jour sur cette description qui, pour être appréciée à sa juste valeur, exige que le lecteur ne perde pas de vue l'infinie petitesse de certains de ces petits êtres.

blable à la nôtre. Peut-être parviendra-t-on tôt ou tard à faire voir, que cette quantité surprenante de graisse répandue dans tout le corps de la chenille, et avec laquelle les autres parties communiquent par nombre de fibrilles, supplée au défaut de circulation de sang, et qu'elle est comme une espèce de terroir préparé par la nature, d'où chaque partie, par le moyen de ces fibrilles, tire pour sa nutrition le suc qui lui convient, comme chaque plante le tire de la terre par ses racines. L'analogie peut avoir ses usages; mais elle seule, je le répète, est un mauvais guide en histoire naturelle; souvent elle nous trompe dans les cas où on le soupçonneroit le moins; ainsi, de ce que le corps des grands animaux est nourri par le sang qui circule dans leurs veines, il ne s'ensuit pas nécessairement que la nutrition se fasse aussi de même dans toutes sortes d'insectes.

» Comme je ne me suis proposé de publier qu'un simple traité d'anatomie, l'on ne doit pas s'attendre à trouver ici de grands détails physiologiques ; cette partie, si pleine d'incertitudes, pour être exposée comme il faut, auroit exigé nombre d'expériences, que la répugnance que j'ai à faire souffrir les animaux, ne m'a pas permis de tenter ; répugnance, qui est même allée si loin, que j'ai usé de la plus grande épargne par rapport à mes sujets, et que je ne crois point que tout ce traité ait coûté la vie à plus de huit ou neuf chenilles. Encore ai-je eu toujours soin de les noyer dans de l'eau, avant que de les ouvrir.

» Je ne doute pas, au reste, que ceux qui ramènent tout à leur utilité directe, ne trouvent que j'ai bien mal employé mon temps de l'avoir donné à l'anatomie d'un vermisseau » (1).

(1) Notre auteur pouvait se rassurer à ce sujet ; nous sommes persuadés que, de toutes les personnes qui ont pris connaissance de son immortel ouvrage, aucune n'a jamais eu l'idée de lui faire ce reproche.

Après une courte digression sur sa répugnance à fouiller dans les cadavres,
Lyonet ajoute :

« Mais en quoi, de plus, un insecte est-il
donc un objet si vil, si méprisable ? Si c'est
la grandeur qui fait le mérite des choses,
nous sommes, par rapport à la terre que
nous habitons, incomparablement moins que
ce qu'est une mite par rapport à nous ; et
cette terre même n'est encore qu'un grain
de poussière par rapport à un nombre prodigieux de corps célestes, à l'égard desquels
la différence qu'il y a entre nous et une mite
s'évanouit. Non, ce qui fait le mérite d'un
ouvrage n'est pas la quantité de matière
brute qui y entre ; c'est la façon dont elle
a été mise en œuvre, et le plus abject des
êtres animés est sans comparaison plus digne
de notre admiration, que les plus grands
rochers, et que tous les sables de la Lybie.
Ces lourdes masses, ces grands amas, ne
m'annoncent que foiblement la gloire du

Dieu fort : une cause aveugle auroit pu les avoir rassemblés : Je n'y découvre bien souvent ni ordre, ni dessein. Dans le moindre des objets animés, plus je l'examine, plus j'y trouve d'arrangement et d'intelligence. Tout y concourt à un but marqué. C'est une machine composée de diverses substances, formées par des sucs différemment préparés, cuits, distilés, élabourés dans son intérieur pour cet effet ; une machine, où tout est en mouvement, qui se transporte d'un endroit à un autre ; qui veille à sa propre conservation ; qui sait trouver ce qui lui convient, éviter ce qui lui nuit ; qui tant qu'elle subsiste, s'entretient, se monte, et se répare elle-même par son propre mécanisme, et dont l'espèce se conserve malgré la courte existence de ses individus, par une reproduction aussi incompréhensible qu'admirable. Tout ceci suppose un dessein manifeste, et un appareil pour l'exécuter, où tout est disposé de façon, que le jeu différent du nombre prodigieux de ressorts nécessaires pour opérer tant de divers effets, quoique presque sans cesse en mouvement, agisse sans se croiser ni s'entre-détruire, bien qu'ils soient d'une délicatesse extrême, et renfermés souvent dans l'espace d'un point presque imperceptible. Je ne puis réfléchir sur tout cela, sans me dire, ceci ne s'est point ainsi fait par hasard. Il doit absolument avoir été composé par un être qui possède, dans le degré le plus sublime, les secrets les plus cachés de l'hydraulique, de la chymie, et des méchaniques ; par un être, en qui une intelligence sans bornes se réunit à un pouvoir absolu sur la matière, et chez qui les espaces les plus resserrés ne sauroient porter obstacle à l'exécution des plans les plus vastes ; en un mot, par un être qui a su prévoir tout, et pourvoir à tout. C'est ainsi que le moindre ciron, quand on y réfléchit, peut devenir, par sa petitesse même, un objet, d'autant plus digne de notre admiration, que cette petitesse contribue à relever la grandeur immense de celui qui l'a formé ; mais ce n'est pas tout, si ces petits êtres vivans méritent notre admiration à de si justes titres, que ne doit-on pas dire de ces diverses classes d'entr'eux, qui, à tant de merveilles, ajoutent encore celle de changer totalement de forme ? Ce changement ne suppose-t-il pas un méchanisme intérieur bien plus composé que celui des autres animaux ? Et que dira-t-on par conséquent, si j'ajoute, que ses transformations ne se bornent point à la simple figure extérieure, mais que toute la structure intérieure change tellement de forme en même tems, qu'à peine reste-t-il des traces de ce qu'elle étoit auparavant ? Combien cela ne paroîtra-t-il pas encore plus surprenant, après que l'anatomie nous aura donné une connaissance un peu détaillée du nombre prodigieux de parties qui entrent dans la composition d'un pareil animal, et qui se dissolvent presque toutes, pour en reproduire d'autres si différentes ? (1)

» Osera-t-on encore dire, après cela, que celui qui auroit tâché, par une anatomie bien développée, de nous faire un crayon de ces changemens admirables, en nous traçant d'une main sûre les détails des parties intérieures d'un insecte, avant et après sa transformation, et en le suivant dans son état de passage d'une forme à l'autre, et qui auroit par là mis à la portée de nos sens une merveille presque ignorée, si propre à relever les hautes idées que nous devons avoir de l'Etre-Suprême ; osera-t-on, dis-je, encore avancer, après cela, que celui qui auroit exécuté un tel plan, eut dû mieux employer son loisir ? Pour moi, je ne le crois pas, et il s'en faut de beaucoup que j'estime

(1) Nous serons satisfaits, si ces belles pages, dans lesquelles Lyonet parle avec tant d'enthousiasme de l'Etre-Suprême et de ses créations, peuvent inspirer le goût de l'histoire naturelle philosophique à toutes les personnes qui les liront.

que plusieurs de ceux qui ont consacré leur plume, soit à nous décrire les actions des hommes, soit à nous détailler leurs ouvrages, aient fait un meilleur usage de leurs talents? Je conviens qu'un historien, qui sait mettre un juste prix aux choses, et placer les événemens sous un point de vue propre à inspirer aux sujets, l'amour de la vertu et du bien public ; aux souverains, celui de la justice et de la paix, l'aversion pour l'esprit de despotisme et de conquête, source des maux du genre humain, je conviens, dis-je, qu'un tel historien mérite une très-haute estime » (1).

Lyonet, après avoir manifesté une sorte d'aversion pour la lecture de certains historiens, et une vive admiration pour les

(1) Si on aime à entendre notre profond naturaliste exalter la puissance de Dieu, on se plaît aussi à retrouver en lui un homme qui prodigue de grands éloges aux historiens dont les ouvrages inspirent, aux sujets, l'amour de la vertu et du bien public ; aux souverains, celui de la justice et de la paix et surtout l'aversion pour l'esprit de despotisme.

ouvrages de la nature, termine ainsi sa préface :

« Mais, dira-t-on, est-ce avancer que de suivre l'exemple que vous donnez en cet ouvrage, et ne seroit-ce pas plutôt le moyen de n'avoir jamais fini ? Je l'avoue, si l'on vouloit en user, par rapport à chaque espèce, comme j'ai fait par rapport à celle-ci. Heureusement il n'en est pas besoin. Il suffit d'avoir l'exemple de l'anatomie d'une seule espèce de chenilles avec sa chrysalide et son papillon, pour toute la classe des chenilles (1), l'exemple de l'anatomie d'un

---

(1) Le lecteur ne devra pas perdre de vue cet avertissement essentiel, qui doit l'engager à lire les belles observations de Lyonet avec la plus grande attention ; attendu, qu'une fois bien pénétré de leur importance et de tous les détails admirables qu'elles renferment, il se livrera avec plus de goût à l'histoire des autres insectes. N'ayant plus à revenir sur certains organes, on n'aura plus qu'à lui décrire leurs intéressantes mœurs, leur surprenante industrie, et les organes spéciaux qui, dans un grand nombre d'espèces, sont d'autant plus remarquables qu'ils réunissent, à une complication extraordinaire, une petitesse infinie.

scarabée avec son ver et sa nymphe, pour toute la classe des scarabées, et ainsi du reste. Fort bien, répliquera-t-on, peut-être ; mais qui nous garantira, que vous n'êtes pas vous-même du nombre des auteurs que vous frondez, et que vous ne méritiez pas à votre tour d'être envoyé à la caverne de Montesinos, pour avoir forgé un roman anatomique, plus mauvais que ceux que vous blâmez, en ce qu'il est moins amusant : les apparences sont contre vous : Malpighi, et d'autres auteurs renommés, qui ont anatomisé des insectes, nous ont donné des figures extrêmement simples, et la plupart informes ; les vôtres fourmillent d'objets, et ne leur ressemblent point du tout ?

» Ce qui me feroit presque appréhender une pareille objection, c'est qu'il m'est arrivé, plus d'une fois, que des personnes éclairées, qui n'ont jamais eu lieu de douter de ma bonne foi, en voyant mes dessins anatomiques, n'ont pu s'empêcher de me marquer de la surprise, et du panchant à croire que je ne me fusse fait illusion. Je me rappelle entr'autres, qu'un jour, M. le comte de Bentink, et MM. les professeurs Alamand, de Leide, et Albinus, d'Utrecht, étant venu voir mon ouvrage, je ne pus jamais les tirer de leurs doutes, qu'en leur montrant les objets mêmes, qu'ils comparèrent au microscope avec les dessins que j'en avois faits. Convaincus par leurs propres yeux, ils me représentèrent, que pour être mieux cru, il seroit bon, que je rendisse témoins de mes procédés anatomiques des personnes éclairées et connues, que je pusse réclamer : et comme les deux premiers en ont été spectateurs plus d'une fois, ils me permirent de les nommer ; ce que je fais, et d'autant plus volontiers, que je n'eusse jamais pu choisir de témoins, dont l'autorité fût, à tous égards, plus respectable.

» Que d'ailleurs les personnes, qui pourroient avoir du panchant à me soupçonner d'artifice, réfléchissent, qu'en faisant tort à ma probité, elles feroient à mon esprit plus d'honneur qu'il ne mérite. Il faudroit avoir un génie bien plus créateur que ne l'ont ceux qui s'arrogent si hardiment ce fastueux titre, pour pouvoir imaginer un système anatomique nouveau, aussi étendu et détaillé que celui que je donne, et dont toutes les parties eussent une liaison aussi étroite les unes avec les autres.

» Mais ce qui doit faire disparoître, à cet égard, toute ombre de soupçon, c'est que j'ai osé fournir, à la société hollandaise des sciences, un mémoire imprimé dans le 3ᵉ vol. de ses actes, pag. 378, qui contient la description du microscope et des instrumens dont je me sers pour anatomiser les insectes : j'y décris la façon dont on s'en doit servir, et je l'ai fait à dessein de mettre quiconque le voudra, à portée de me suivre pas à pas dans mes procédés, et de me confondre s'il trouve que j'aie cherché d'en imposer. Si j'avois eu cette intention, croit-on que j'eusse été assez inconsidéré pour faire une pareille démarche? (1)

» Au reste, si le public reçoit favorablement ce traité, cela me servira d'encouragement pour en finir un autre, déjà très-avancé, qui sera une suite de celui-ci, et qui contiendra l'anatomie de la chrysalide et de la phalène, dans lesquelles la chenille du bois de saule se transforme. »

———

Les personnes qui ont lu la préface de Lyonet doivent avoir la conviction, que la vérité seule l'a dictée; car un homme qui met tant de temps et de soins pour achever un ouvrage, et qui a une si grande admi-

(1) Qui oserait élever le moindre doute, sur l'exacti-tude des observations faites par Lyonet, lorsqu'on voit cet auteur prendre tant de précautions pour qu'on puisse les vérifier?

ration pour le sublime auteur de toutes les merveilles qu'il a dévoilées pour la première fois, un tel homme ne peut chercher à en imposer à ses lecteurs; il mérite l'estime et la reconnaissance de toutes les personnes qui aiment à s'instruire.

Aussi nous n'hésitons pas à avouer que nous avons une profonde admiration pour de pareils écrivains; et nous apprécions tellement l'utilité, et surtout la moralité de leurs travaux, que nous verrions avec une vive satisfaction (comme un juste hommage rendu à leur génie) leurs bustes placés à côté de ceux des Buffon, des Cuvier, des Lacépède, des Geoffroy-Saint-Hilaire, etc. ; car, si les travaux zoologiques de Lyonet n'embrassent pas une aussi vaste étendue que ceux de ces hommes illustres, ils n'en sont pas moins extrêmement remarquables.

PARTICULARITÉS

QUE PRÉSENTE

LA CHENILLE DU BOIS DU SAULE.

———

Fidèle au but que nous nous sommes proposé, de faire ressortir, autant qu'il sera en notre pouvoir, les soins que Dieu a pris pour multiplier ses moindres créations ; nous allons décrire sommairement ce qu'il y a de plus remarquable dans l'histoire de la chenille du bois du saule (1) ; nous laisserons certains détails qui sont communs à l'histoire de presque toutes les chenilles ; attendu que nous aurons l'occasion d'y revenir dans le cours de cette publication.

D'abord, nous ferons remarquer combien la sage nature s'est montrée prodigue d'attentions, pour qu'une infime chenille puisse naître, croître et multiplier avec le moins de chances possibles

(1) Voir la pl. V, fig. 3.

de destruction : elle a eu le soin de donner à la phalène qui la produit des vaisseaux qui sé—crètent une humeur visqueuse, très-siccative à l'air, et insoluble dans l'eau. Cette humeur destinée à fixer les œufs contre les troncs .des saules, et à les recouvrir, ne pouvait réunir deux propriétés plus convenables pour résister aux plus grandes pluies. Le lecteur n'apprendra pas sans intérêt que la phalène non-seulement connaît, par une impulsion naturelle, les meil—leurs moyens à employer pour mettre ses œufs en sûreté ; mais aussi qu'elle a été pourvue d'un admirable instinct, qui la pousse à les distribuer sur différents arbres ; sans cette prévoyance, les centaines de larves que produisent les œufs d'une seule phalène, n'auraient jamais pu vivre sur un même tronc, et parvenir à leur complet accroissement ; elles auraient miné le tronc, et l'auraient abattu. Les mues fréquentes de ces chenilles, leur prodigieux accroissement, ont engagé le célèbre Lyonet à faire de curieuses observations. Il a calculé qu'il fallait 36000 œufs pour faire le poids d'une chenille arrivée à sa grosseur, et au moins 72 000 chenilles naissantes.

L'auteur sublime de la nature, qui ne pouvait être que conséquent, dans tous ses actes, a donné aussi à la chenille, l'instinct de faire, aux troncs des saules, une ouverture précisément de la grosseur de sa chrysalide; et, ce qui est plus admirable encore, cette chenille qui se construit, avec beaucoup d'art, une coque, très-épaisse et très-serrée, pour se mettre à l'abri des attaques des autres insectes, a la sage précaution de diriger, vers l'ouverture du trou qu'elle a creusé dans l'arbre, la pointe de sa coque, qu'elle a eu le soin de faire, de ce côté, d'un tissu très-léger; afin qu'elle puisse plus facilement en sortir, quand le moment sera venu. Pour aider encore à sa sortie, cette chrysalide a été pourvue de plusieurs rangées de pointes, dont les unes lui servent d'outils pour ouvrir sa coque, et les autres lui servent d'appui pour se porter avec force, vers le devant.

Nous devons ajouter, à ces intéressants détails, qu'elle se place toujours dans sa coque, de façon qu'elle ait la tête tournée vers l'ouverture de l'arbre ; attention, fort essentielle ; puisque, si elle se plaçait autrement, ne pouvant se retourner, après son changement en chrysalide ; tant à cause du peu de souplesse qu'elle a, en cet état, qu'à cause du peu de largeur de sa coque ; elle serait forcée d'en sortir par ce même côté ; ce qui serait presque impossible : la coque étant, ainsi que nous l'avons dit plus haut, très-dure en cet endroit. Au reste, en admettant qu'elle pût la percer, elle serait contrainte de se diriger dans l'intérieur de l'arbre, où elle périrait souvent, ne trouvant aucune issue pour en sortir.

SOMMAIRE

DES PARTIES INTÉRIEURES ET EXTÉRIEURES

DE LA CHENILLE DU BOIS DU SAULE,

Observées par Lyonet.

Voici le résultat auquel est arrivé Lyonet, après dix années de travaux assidus. Nous espérons qu'après avoir lu ce curieux résumé, les esprits les plus prévenus contre l'étude des insectes, regretteront vivement d'avoir dédaigné de s'être livrés à une science qui offre un si puissant intérêt, par la connaissance qu'elle nous donne de l'organisation admirable, des mœurs et de l'industrie de ces petits êtres. Notre patient et ingénieux naturaliste a découvert, à l'aide du microscope, qu'une chenille possède:

1° — 4041 muscles: chacun de ces muscles est attaché par ses extrémités, soit à la peau, soit aux endroits écailleux ou membraneux des parties qu'ils font mouvoir ; Lyonet observe à ce sujet, que de toutes les parties intérieures de la chenille, il n'en est point qui, par leur arrangement symétrique, offrent un spectacle plus beau, et plus digne d'admiration que les muscles ; surtout quand, en les enlevant par couches égales, de part et d'autre, on voit comment les muscles pareils, de chaque côté, correspondent par leur forme et par leur situation (1) ;

2° — 13 ganglions formés de la moelle épinière et fournissant 92 nerfs, qui, se ramifiant par degrés, se répandent tellement dans les diverses parties de l'insecte, qu'ils se divisent en une infinité de rameaux (2) ;

3° — 18 stigmates ou ouvertures qui servent à introduire l'air dans les trachées : ces stigmates sont hérissés de tiges barbues très-nombreuses, et disposées de manière à empêcher les substances étrangères de pénétrer avec l'air ;

4° — 2 trachées principales et leurs bronches : les bronches ou trachées se ramifient, la plupart,

---

(1) Voir les planches I et II avec leurs explications.
(2) Voir la planche III avec les explications.

en une quantité prodigieuse de vaisseaux aériens, tellement fins, qu'il est impossible de les suivre jusqu'à leurs extrémités; les principales bronches sont composées de trois tuniques que Lyonet a souvent séparées les unes des autres, et qui se trouvent apparemment aussi dans les bronches les plus déliées; mais leur petitesse ne permet pas de les y suivre (1);

5° — Un cœur ou vaisseau dorsal, muni de 9 paires d'ailes qui le fixent aux muscles dorsaux;

6° — Des corps réniformes et des vaisseaux grenus dont Lyonet n'a pu découvrir l'usage;

7° — Un corps graisseux si volumineux, qu'à lui seul, il occupe autant de place que toutes les autres parties de la chenille réunies (2);

8° — Un œsophage, un ventricule, des intestins et un sac fœcal : toutes ces parties, jusque dans leurs plus petits détails, sont organisées d'une manière admirable : 2456 muscles servent à les faire fonctionner; nous signalerons

(1) Voir la planche III avec les explications.
(2) Voir la planche IV avec les explications.

comme exemple de cette belle organisation, les gros intestins, dont l'intérieur a divers rangs de plissures, placées à la file les unes des autres, et qui servent, sans doute, à comprimer les aliments pour en exprimer le suc, lorsque les muscles des intestins se contractent à cet effet; et il y a quelqu'apparence que ces plissures, en changeant d'ordre à trois reprises, ne forment des rebords, que pour servir de valvules, et concourir à arrêter au besoin le passage des aliments d'un intestin à l'autre (1);

9° — 2 vaisseaux soyeux, dont la partie antérieure, quoiqu'à peine de la grosseur d'un crin, est formée de 3 tuniques ou membranes décrites par Lyonet (2);

10° — 2 vaisseaux dissolvants renfermant une liqueur corrosive qui sert, ou à ramollir le bois que cette chenille creuse, ou à le digérer, en s'y mêlant quand elle l'avale (3);

11° — Une tête si compliquée, que Lyonet

(1) Voir la pl. IV ; la pl. V, fig. 2 et la pl. VI, fig. 2, 3 et 4 avec les explications.
(2) Voir la pl. IV.
(3) Idem.

a décrit une foule de rameaux nerveux, de trachées et 228 muscles qui en font mouvoir toutes les parties (1);

12° — Une peau, toute gravée de sillons, qui, la parcourant en tous sens, forment sur elle un lacis réticulaire semblable à celui que l'on remarque sur nos mains : cette peau a la consistance et l'épaisseur à peu près du parchemin vierge, et est composée de deux tuniques, qui sont aussi intimement adhérentes que notre épiderme l'est à nos mains;

13° — Des poils qui sont creux, quoique d'une finesse extrême : ces poils sont enchâssés dans un anneau ou cylindre très-court, écailleux et brun, qui s'élève un peu au-dessus de la peau, et en perce les deux membranes on tuniques. Le poil passe par cet anneau, et semble communiquer par la racine avec un tégument molasse, qui tapisse la peau en dedans, et sur lequel les nerfs forment un tissu réticuleux. Lyonet a même cru voir des petits nerfs de ce tissu, s'introduire dans la racine du poil :

(1) Voir la pl. V, fig. 1, avec les explications.

4*

paraît assez probable que ces poils sont les organes du tact;

14° — 16 jambes, dont les six antérieures sont articulées, et se terminent par un ongle crochu ; les huit intermédiaires, par une plante de pied ovalaire, entièrement environnée de crochets ; et les deux postérieures, par une plante de pied environnée de crochets, seulement par devant. Lyonet a compté 80 à 90 crochets à chaque pied (en tout environ 850) ; et les a trouvés alternativement grands et petits ; cette structure ingénieuse a été imaginée par la sage nature, afin que l'insecte pût se fixer avec facilité sur les objets.

On voit, par cette longue énumération des parties que notre auteur a décrites, qu'il n'y a point de livre plus propre que le sien pour nous faire admirer la prodigieuse complication des ressorts, qui animent certains animaux. L'imagination s'effraie, quand on songe que le moindre insecte jouit d'une organisation presque aussi développée ; et que des naturalistes ont déjà compté plus de 350000 espèces de ces petits êtres (1) dont aucun ne ressemble complètement à l'autre. Si, en commençant, nous avons dit que nous espérions prouver, d'une manière péremp-

(1) Nous devons dire que ce chiffre provient d'une évaluation approximative, qui a été faite en comprenant les espèces connues avec celles que l'on présume exister ; mais il est probable que ce nombre est plutôt au-dessous du nombre réel qu'au-dessus. Si on connaît, ainsi qu'on le présume, un tiers des coléoptères existants, la moitié des lépidoptères, un cinquième des hémiptères, un sixième des hyménoptères, névroptères et orthoptères, un dixième des diptères et un vingtième des parasites ; on obtiendra, pour le nombre absolu des espèces de chaque ordre, les chiffres suivants : coléoptères, 120000 ; diptères, 100000 ; hyménoptères, 72000 ; hémiptères, 25000 ; lépidoptères, 20000 ; parasites, 10000 ; névroptères, 9000 ; orthoptères, 6000 ; total 362000 ! Ce chiffre incroyable est une des merveilles les plus extraordinaires de l'histoire naturelle, et une de celles qui donnent la plus haute idée du créateur de toutes choses. Quand on songe que la majeure partie des insectes ne diffèrent, en grosseur, que d'une fraction de ligne à quelques lignes ; n'est-ce pas une des plus grandes preuves d'une puissance infinie, d'avoir pu organiser, sur une si petite échelle, au moins 362000 espèces, dont aucune ne se ressemble entièrement.

toire, que Dieu s'était montré plus grand
en créant une chétive chenille, qu'en donnant
le jour à la plupart des autres animaux ;
c'est parce que nous avions encore présent,
à la mémoire, l'indicible sentiment d'admiration que nous éprouvâmes, la première
fois que nous lûmes le chef-d'œuvre de
Lyonet. Il est évident que la lecture des
savants traités sur l'existence de Dieu, des
Cicéron, des Clarke et des Fénélon, fait
généralement une impression moins vive ;
tout le monde en comprendra la raison :
l'âge auquel on nous met, entre les mains,
ces excellents ouvrages, ne permet pas
encore, à certaines intelligences peu développées, de bien comprendre tous les ar-
guments qui s'y trouvent avec profusion ;
tandis que le livre de l'immortel Lyonet,
joint, à l'avantage d'être apprécié par les
savants, celui de l'être également par les
hommes du monde, et même par de jeunes
élèves naturalistes ; aussi, sommes-nous

convaincus que, l'étudiant le plus ordinaire, s'écriera, après une simple lecture : oui, il existe un Dieu ! et jamais la profonde impression qu'il aura ressentie, ne s'effacera de sa mémoire.

IDÉE GÉNÉRALE

PARTIES INTÉRIEURES DE LA CHENILLE

Du bois de saule (1).

> Que ne verrions-nous pas, si nous pouvions subtiliser toujours de plus en plus les instrumens qui viennent au secours de notre vue, trop foible et trop grossière? Mais suppléons par l'imagination à ce qui nous manque du côté des yeux; et que notre imagination elle-même soit une espèce de microscope qui nous représente en chaque atome mille mondes nouveaux et invisibles: elle ne pourra pas nous figurer sans cesse de nouvelles découvertes dans les petits corps, elle se lassera; il faudra qu'elle s'arrête, qu'elle succombe, et qu'elle laisse enfin dans le plus petit organe d'un corps mille merveilles inconnues.
>
> FÉNÉLON, *Démonst. de l'exist. de Dieu.*

« La liaison, que les parties, qui composent l'intérieur de cet insecte, ont les unes avec les autres, et qui fait qu'on ne sauroit traiter d'aucune de ces parties en particulier sans faire mention de plusieurs de celles qui les environnent, ou qui y sont adhérentes, demande que l'on

(1) Ce chapitre et le suivant sont extrêmement remar-

ait une idée générale des principales parties qui entrent dans la structure intérieure de la chenille, avant qu'on puisse, avec succès, les examiner toutes dans le détail qu'il faut pour s'en faire une juste idée.

» PRINCIPALES PARTIES INTÉRIEURES. — Ces principales parties peuvent se réduire aux neuf suivantes : 1° les *muscles* ; 2° la *moëlle épinière*, ses *ganglions*, et ses *nerfs* ; 3° les *deux trachées-artères*, et leurs *bronches* ; 4° le *cœur* ; 5° les *deux corps reniformes* ; 6° le *corps graisseux* ; 7° les *conduits* qui forment l'*œsophage*, le *ventricule*, et les *intestins* ; 8° les *deux vaisseaux soyeux* ; 9° les *deux vaisseaux dissolvans*.

» DES MUSCLES EN GÉNÉRAL. — Les *muscles* des chenilles (1), ces organes, par la contraction

quables ; Lyonet y donne des détails assez étendus sur les parties intérieures et extérieures de la chenille, vues à la loupe et au microscope. Nous avons ajouté des notes et des observations, afin de faire ressortir tout ce qu'ils contiennent de plus curieux.

(1) Voyez les planches I et II des muscles et les explications.

et le relâchement desquels, elles exécutent tous
leurs mouvemens volontaires et involontaires,
n'ont ni la forme extérieure, ni la couleur des
muscles des grands animaux. Dans leur état
naturel, ils sont mous, ils prêtent extrêmement,
ils ont la transparence d'une gelée, ils sont
d'un gris bleuâtre, et les bronches argentées,
ou vaisseaux aëriens, qu'on voit alors distinctement ramper par dessus, et pénétrer dans
toute leur substance, offrent, à la loupe, un
spectacle qu'on ne se lasse point d'admirer (1).
J'ai tâché d'en donner quelque idée par la
Fig. 4 de la *Pl. IV* (2); mais ici l'art n'a pu
exprimer les beautés de la nature. Quand la
chenille a trempé quelque temps dans de l'eau
de vie de grain, ou dans de l'esprit de vin,

(1) C'est en considérant un pareil spectacle que l'on
peut dire que, plus on fait de progrès dans ce monde de
merveilles, plus on y découvre de grandeur, et mieux
on s'aperçoit que c'est un abîme dont nous ne voyons
encore que les bords.

(2) Le lecteur est prié de ne suivre que les renvois
aux planches qui se trouveront au bas des pages : certaines
planches de l'ouvrage de Lyonet, ne se trouvant pas dans
notre abrégé.

ils perdent leur élasticité, ils deviennent fermes,
opaques, et très blancs, et les bronches n'y
paroissent presque plus. Au premier coup d'œuil
on ne les prendroit alors que pour de simples
tendons. Ils en ont la blancheur et à-peu-près
le lustre. Très peu de ces muscles ont du ventre;
ils sont presque tous applattis; la plûpart sont,
d'un bout à l'autre, de la même épaisseur et de
la même largeur, et ceux, qui ne sont pas
partout également larges, ne sont presque jamais
élargis vers le milieu; mais ordinairement vers
l'une de leurs extrémités, et quelquefois vers
les deux.

» Leur milieu et leurs extrémités ne paroissent
point différer en couleur ni en substance. C'est
par ces extrémités seules, que, presque tous,
sont attachés, soit à la peau, soit aux endroits
écailleux ou membraneux des parties qu'ils font
mouvoir; le reste du muscle est ordinairement
libre et flottant. Plusieurs de ces muscles se
fourchent, et se partagent en différentes parties,
dont les séparations vont quelquefois si avant,
qu'on ne sait s'il faut les prendre pour de

muscles séparés, qui se communiquent, ou bien pour les parties d'un seul muscle qui se divise. Ils sont médiocrement forts. En examinant ceux qui ont trempé dans de l'eau de vie de grain, je les ai trouvés revêtus d'une membrane, que j'en ai souvent séparée. On découvre alors, de plus, à la loupe, qu'ils sont composés de plusieurs bandes toutes parallèles, et dirigées suivant la longueur du muscle ; lorsqu'on sépare ces bandes, avec de fines aiguilles, le microscope fait voir qu'elles sont autant de faisceaux de fibres, qui suivent la même direction ; ces fibres paroissent adhérentes les unes aux autres, et les faisceaux qu'elles composent semblent encore être envelopés de membranes particulières. Les fibres mêmes, examinées par un fort microscope, à un jour favorable, paroissent torses (1), comme

(1) M. Straus Durckheim, dans son excellent ouvrage couronné par l'Institut, a prouvé que les fibres des muscles chez les insectes étaient très-distinctement articulées ; les articles sont de petites plaques empilées obliquement les unes au-dessus des autres. La même structure existant chez plusieurs animaux vertébrés, ce savant est porté à croire que les fibres musculaires doivent être comparées à de petites piles galvaniques, et que le mystère de la

celles de nos muscles, et ont l'air de petites cordes. J'ai observé, à des araignées, dont les fibres musculeuses étoient plus grosses que celles de nos chenilles, qu'elles étoient composées de deux substances, l'une molle et l'autre dure, et que cette dernière forme une espèce de fil roide, tourné en helice, qui donne, à ces fibres, l'apparence de corde qu'elles ont ; car quand j'en ai laissé sécher sur un morceau de verre, les chairs de celles qui, s'y trouvant collées, n'avoient pu se raccourcir, se contractèrent de façon, qu'au lieu d'un cordon tourné, on ne voyoit plus qu'un fil beaucoup plus mince, tourné dans le même sens, et qui avoit conservé sa situation ; apparemment parceque sa roideur ne lui avoit pas permis de s'affaisser, avec les parties charnues ou membraneuses qui l'environ-

contraction pourrait s'expliquer ainsi : si cette opinion est un peu hypothétique, nous ne devons pas moins apprécier les observations si ingénieuses de ce naturaliste qui, par la découverte qu'il a faite des nombreuses articulations qui compliquent encore l'organisation déjà si merveilleuse des muscles des insectes, nous force à admirer davantage les plus petits ouvrages de la nature.

noient, et qui laissoient alors un vuide entre chacun de ses tours.

» Quand on· éffile ces muscles, avec de fines aiguilles, dans quelque goute de liqueur, on voit que leur tissu n'est pas composé seulement de fibres, de membranes, et de bronches; mais on y découvre encore des nerfs, et il est aisé de reconnoître, par les petites goutes d'huile, qu'on voit monter sur la liqueur, à mesure qu'on rompt le muscle, qu'il contient, de plus, des parties graisseuses ou huileuses.

» Le nombre des muscles de la chenille est très considérable, et surpasse de beaucoup celui des muscles du corps humain. Ils occupent la plus grande partie de l'intérieur de la tête; on en voit une quantité étonnante à l'œsophage, au ventricule, et aux gros intestins; la peau du corps en est intérieurement toute tapissée, par différentes couches placées les unes au-dessous des autres, dans un arrangement très symmetrique.

» MUSCLES DROITS. — La première de ces couches, celle qui s'offre à la vue lorsqu'après avoir vuidé la chenille on en a étendu la peau, sans rien déranger, comme on l'a fait *Pl. IV, Fig.* 4 et 5, se découvre assez distinctement dans ces deux figures. Ce sont les bandes blanches parallèles, qui, traversées plus ou moins par d'autres parties, qui passent dessus, y parcourent la plûpart à-peu-près toute la longueur de la chenille, et en occupent la plus grande partie. Leur direction me les fera appeller *muscles droits*.

» Dans la *Fig.* 4, la chenille a été ouverte le long de la ligne inférieure, ou par le ventre, de sorte que la ligne supérieure partage longitudinalement la chenille par le milieu ; et dans la *Fig.* 5, la chenille a été ouverte par le côté opposé, de manière que c'est ici la ligne inférieure qui partage la figure par le milieu suivant sa longueur. La *Fig.* 4 représente toute la face intérieure du corps de la chenille vuidée ; mais la *Fig.* 5 n'en fait voir que le côté du ventre jusques un peu au delà des lignes intermédiaires. »

Nos lecteurs, il est probable, désirent connaître dans quel ordre les muscles de la chenille ont été répartis par Lyonet ; on a pensé leur être agréable en plaçant ici ce tableau surprenant :

Muscles dorsaux	434
— latéraux	308
— gastriques	758
— des jambes	126
— petits, du deuxième anneau	24
— petits, du troisième anneau	16
— solitaire de la subdivision du dernier anneau	1
— de la tête	228
— de la partie de l'œsophage qui est dans la tête	21
La partie intermédiaire est couverte d'un lacis de cordons musculeux qui ne sauraient être comptés, mais qui paraissent dériver d'une douzaine de muscles plus épais, qu'on voit du côté de la ligne supérieure	12
— circulaires de la partie postérieure	25
— droits du ventricule	28
— obliques du ventricule, fournis principalement par la troisième paire de tiges musculeuses, en ne prenant chaque suite de fibres musculeuses que pour un simple muscle	8
— droits de la partie antérieure du premier gros intestin	60
Ses muscles circulaires	4
— de son sphincter	8

Muscles circulaires que couvre ce sphincter et ceux qui sont un peu au-dessus et au-dessous. 20
— droits du deuxième gros intestin........ 50
Ses muscles circulaires............... 12
— transversaux de l'anneau charnu......... 60
— longitudinaux du troisième gros intestin.. 6
— transversaux du troisième gros intestin, en prenant le nombre moyen, montant à 100 pour chaque pan, ce qui fait pour les 6 pans...................... 600
Chacun de ces muscles reçoit 2 petits muscles obliques................... 1200
Les 2 tiges musculeuses.............. 2
Le nombre moyen des muscles qui, partant de l'attache antérieure des muscles droits du dernier anneau, vont s'attacher à cet intestin....... 14
Les deux suites de sept ou huit paires de muscles obliques, qui partent de la même hauteur, pour s'attacher au bord du sac fœcal, en prenant le moindre nombre 28
Enfin, les quatre ou cinq paires de muscles, qui, de la subdivision du dernier anneau, s'attachent à l'endroit où le troisième gros intestin s'ouvre dans le sac fœcal ; en prenant encore le moindre nombre.................... 8
                                                    ———
        Total......... 4041

Quatre mille quarante-un muscles pour mouvoir une chenille et faire fonctionner ses organes !

Afin que le lecteur puisse bien saisir la sublimité de cette organisation, nous le supplions de se représenter pour un moment, en idée, l'image d'une chétive chenille qui, parvenue à son plus grand degré d'accroissement, n'a que trois pouces et demi de longueur ; et, lorsqu'il aura bien conçu la difficulté qu'il y a à placer, dans un si petit espace, 4044 muscles ayant chacun deux points d'attache, qu'il veuille bien se représenter cette chenille, de trois pouces et demi, réduite à la longueur d'une ligne, à sa sortie de l'œuf : c'est alors que, celui qui aura le sentiment du beau, du sublime, ressentira un enthousiasme indicible ; c'est dans un pareil moment qu'il concevra que nos idées ne peuvent pas s'élever assez pour comprendre la puissance infinie du créateur de pareils chefs-d'œuvre.

Eh bien ! ce que nous avons dit jusqu'alors de la chenille, ne nous donne encore qu'une bien faible idée des merveilles d'organisation que l'excellent traité de Lyonet doit nous dévoiler ; et malgré cette incroyable complication de parties, nous sommes persuadés que ce ne serait, qu'en accordant à chaque espèce d'insectes, par la pensée, une organisation presque égale à celle qui a été décrite par cet auteur illustre, que l'imagination pourrait avoir quelque idée de cette richesse infinie, de ces millions de parties, toujours en harmonie, qui constituent le grand ouvrage de la nature.

« MOELLE ÉPINIÈRE ; GANGLIONS. — La *moëlle épinière* et le cerveau (1), si l'on peut dire que les chenilles en ont un, ont peu de rapport avec la moëlle épinière et le cerveau de l'homme ; dans ce dernier, le cerveau est renfermé, de toute part, dans une cavité osseuse ; il remplit la plus grande partie de la tête ; il est enfractueux, et partagé en différens lobes. Dans la

(1) Voyez la pl. III fig. 1 et les explications.

chenille rien de pareil. On trouve, à la vérité, dans la tête de celle, dont il s'agit ici, une partie, qui paroît faire la fonction de cerveau, en ce que plusieurs nerfs, répandus dans la tête, en dérivent ; mais cette partie y est à découvert ; elle est si petite, qu'elle ne fait pas la cinquantième partie de la tête ; sa superficie est très unie, sans lobes, ni anfractuosités, et, s'il faut lui donner le nom de cerveau, on ne peut guères s'empêcher de donner le même nom à douze autres parties, placées à la file les unes des autres dans le corps de la chenille ; vû que chacune de ces parties est presque aussi grande, que celle de la tête, qu'elles paroissent de la même substance, et qu'elles fournissent des nerfs à tout le corps, et alors la chenille aura treize cerveaux distincts ; ce qui, pour paroître très étrange, n'en est peut-être pas moins réel. Cependant, sans vouloir rien décider là-dessus, et pour ne pas effaroucher ceux, à qui l'idée de treize cerveaux pourroit déplaire, j'appellerai ces parties, qui paroissent en faire l'office, des *ganglions*, et je les distinguerai par *premier*, *second, troisième, etc.*, en commençant par celui de la tête.

» La moëlle épinière de la chenille diffère sensiblement aussi de celle de l'homme ; dans l'homme, elle descend le long du dos, elle est renfermée dans un canal osseux, ménagé dans les vertèbres, elle est grosse par rapport à sa longueur, elle ne se partage nulle part en deux branches, elle diminue d'épaisseur à mesure qu'elle s'éloigne du cerveau, et n'a aucun renflement sensible. Dans la chenille, cette moëlle descend, au contraire, le long du ventre, elle n'est renfermée dans aucun canal solide, elle est déliée, elle se fourche par intervalles, son épaisseur est par-tout à-peu-près la même, si ce n'est qu'elle s'élargit, de distance en distance, pour former ces masses, que j'ai nommées des *ganglions*.

» On se fera une idée de la situation de la moëlle épinière et de l'arrangement de ses ganglions, en jettant les yeux sur la *Fig.* 5 de la *Pl. IV*, où la *moëlle épinière* occupe longitudinalement le milieu de la figure, entre les *muscles droits* des deux côtés du ventre, depuis la 1re division jusqu'au dessous de la 10e, où elle semble se terminer en queue de cheval. Le premier ganglion n'y est pas représenté, parcequ'il appartient à la tête, qui manque à la figure ; mais les douze autres y sont visibles ; le second et le troisième, qui se voyent ici immédiatement au-dessus de la première division, sont réunis et se touchent, comme font souvent aussi les deux derniers, qui avancent un peu au-delà de la 10e. J'ai quelquefois trouvé ces derniers séparés l'un de l'autre jusqu'à la distance de plus d'un ganglion. Les autres, à la réserve du 5e, sont ordinairement placés à distances à-peu-près égales, chacun un peu au-dessous d'une division ; mais le 5e ganglion descend plus bas que sa division, et il est fort raproché du 6e, qui lui-même remonte quelquefois jusqu'au-delà de la division par où commence son anneau.

» CONDUITS DE LA MOELLE ÉPINIÈRE. — Ces ganglions se communiquent par une file de conduits, que je nommerai les *Conduits de la moëlle épinière*, parcequ'ils la renferment. Ceux des trois premiers anneaux sont doubles, ou du moins partagés en deux, à-peu-près dans toute leur longueur ; les autres se terminent simplement par une bifurcation.

» Brides épinières. — On voit que, de l'extrémité postérieure des ganglions, dont les *conduits* sont doubles, et du commencement de chaque séparation de ceux, dont les conduits ne sont simplement que fourchus, descend un nerf, dont l'extrémité s'élargit un peu au-dessus du ganglion suivant, et, s'étendant à droite et à gauche, forme une espèce de bride, qui passe en travers sur les muscles droits du ventre. Je lui donnerai le nom de *bride épinière*.

» Chaque ganglion produit quatre nerfs, à la réserve du premier et du second, qui en produisent davantage. Ces nerfs, par leurs ra—mifications, se répandent dans toutes les parties intérieures de l'insecte.

» Les conduits de la moëlle épinière, et les nerfs de la chenille, sont très forts, à proportion de leur peu d'épaisseur ; ils prêtent extrêmement, et retournent à leur premier état aussi-tôt qu'on cesse de les étendre. Ils sont naturellement d'un gris bleuâtre, et ont quelque transparence ; mais, quand ils ont trempé dans de l'esprit de grain, ils deviennent très blancs et opaques.

» Lorsque le sujet est encore frais, on apperçoit, au moyen d'un bon microscope, sur le dessus, tant des ganglions que des gros nerfs, et des conduits de la moëlle épinière, un lacis de vaisseaux extrêmement délicats, qui se ramifient à perte de vue, et dérivent des vaisseaux aëriens, que les trachée-artères répandent dans tout le corps. Il n'y a pourtant que les grosses branches du lacis, qui rampent sur la tunique extérieure de ces parties ; les autres branches la percent, et en tapissent le côté opposé, comme je m'en suis apperçu en enlevant des parties de cette tunique, et en en ratissant les deux côtés avec une fine aiguille.

» La *Fig.* 6 de la *Pl. IV*, peut donner quelque idée de la manière dont ce lacis de vaisseaux est formé. C'est un morceau d'une des deux branches, dans lesquelles le conduit de la moëlle épinière se fourche près des gan—

glions (1). Quoique ce morceau soit grossi 500 mille fois, encore n'exprime-t-il que les vaisseaux les plus apparens (2). On y voit la tige qui y produit ce lacis ; elle rampe sur le dessus du conduit de la moëlle épinière. On voit qu'elle pousse, de part et d'autre, des branches rami- fiées ; ces branches percent la tunique extérieure, et en tapissent le dessous, sans que pour celà elles disparoissent, à cause que la transparence de la tunique permet de les entrevoir.

(1) Voir pl. VI, fig. 6 et les explications.

(2) Nous aimons à croire que, les personnes qui con- sidèrent l'étude des insectes comme puérile, et qui, pour la première fois, prennent connaissance de semblables découvertes, doivent revenir de leurs préjugés ; car cette seule observation ne doit-elle pas les convaincre que la complication de leurs organes l'emporte infiniment sur celle des plus gros animaux? Mais, au moins, lorsque nous examinons ces derniers, si l'admirable structure de chacun de leurs organes excite notre surprise, nous com- prenons encore, jusqu'à un certain point, que la place n'a pas manqué pour loger chacun d'eux ; tandis que, s'il nous arrive de scruter l'intérieur des plus petits êtres, nous avons beau nous y transporter en imagination, il nous est impossible de concevoir que l'auteur de la nature ait pu placer et faire agir tant de parties dans de si petits espaces.

» Sous cette tunique, qui pourroit être considérée comme la dure mère, on en trouve une seconde plus délicate, que l'on peut envisager comme la pie mère. Elle renferme ce qui tient lieu, à l'insecte, de cerveau et de moëlle épinière.

» En examinant celle d'un sujet, qui avoit trempé dans de l'esprit de grain, j'ai cru y distinguer deux substances, l'une corticale et extérieure, l'autre médullaire et intérieure, qui paroissoit être plus délicate et plus transparente que la première.

» La substance des ganglions et de la moëlle épinière n'est pas une matière aussi tendre et aussi aisée à séparer que celle du cerveau de l'homme. Elle a de la tenacité, et ne se rompt qu'après avoir souffert une tension assez considérable. Celle des ganglions diffère de celle qui constitue la moëlle épinière, en ce qu'on ne découvre aucun vaisseau dans celle-ci, et que l'autre est toute remplie de vaisseaux très délicats, qui m'ont paru aëriens. Ils se réunissent en des troncs communs, et se ramifient de la façon qu'on le voit représenté *Fig.* 7 (1), dans une partie de cette substance, de la grosseur d'un grain de sable, gravée au microscope.

» Elle est, au reste, pâteuse et mollasse. Au moyen d'un bon microscope on y découvre nombre de petits grains opaques, et, quand on la laisse sécher sur le verre, on voit qu'elle contient beaucoup d'huile, qui ne se sèche point avec le reste. »

Nombre des nerfs de la chenille.

Le premier ganglion donne 8 paires de nerfs et 2 nerfs solitaires	18
Le second pousse 4 paires de nerfs...........	8
Le troisième et les 10 suivants, en fournissent chacun 2 paires...........................	44
Ce qui joint aux 10 brides épinières, qui peuvent être considérées comme autant de paires de nerfs	20
et à la paire de nerfs qui communiquent ensemble	2
font en tout 45 paires de nerfs, et deux nerfs sans paire.	
TOTAL.........	92

Nous venons de voir que la chenille a reçu de la bienfaisante nature 92 nerfs pour

(1) Voir pl. VI, fig. 7 et les explications.

se mouvoir et pour sentir ; c'est-à-dire qu'elle en a un bien plus grand nombre que l'homme ; car nous devons faire observer que ces 92 nerfs ne sont, pour parler plus explicitement, que les troncs d'où sortent tous les autres qui, se ramifiant par degrés, se répandent dans toutes les parties de l'insecte ; de sorte qu'en considérant, comme nerfs (ce qui est plus rationnel) les branches, les rameaux et jusqu'aux ramifications de ces nerfs, le nombre en est prodigieux.

« LES TRACHÉE-ARTÈRES. — Les *trachée-artères* (1) sont, comme il a déjà été insinué, deux grands vaisseaux aériens, qui rampent sous la peau, à la hauteur des stigmates, l'un à droite, l'autre à gauche de l'insecte, et qui communiquent avec l'air extérieur, chacun par le moyen de neuf de ces stigmates qui s'y ouvrent. Presque aussi longues que tout le corps de l'animal, elles commencent au premier stigmate et finissent au-delà du dernier. Leur capacité est à-peu-près

(1) Voyez la pl. III, fig. 2 et les explications.

d'une demi-ligne de diamètre, et ne diminue presque point jusques vers le dernier stigmate ; mais, passé ce stigmate, elles se retrecissent considérablement, et se terminent enfin par quelques branches, qui s'étendent jusqu'à l'extrêmité du corps.

» Leurs bronches, divisées en dorsales, viscerales et gastriques. — Aux environs de chaque stigmate, les trachée-artères poussent un grand nombre de branches, qui repandent une quantité prodigieuse de rameaux, de ramifications et de filets, dans toute l'habitude du corps de la chenille. Ces branches, ces rameaux, ces ramifications et ces filets, portent le nom général de *bronches*, que l'on donne quelquefois, par abus, à la trachée-artère ; mais qu'il convient mieux de designer par le nom qui lui est propre. J'appellerai celles qui, depuis la trachée-artère jusqu'à la ligne supérieure, se repandent le long des côtés et du dos, *bronches dorsales ;* celles qui, pénètrant dans la cavité du corps, en arrosent tous les viscères et le corps graisseux, qui les enveloppe, *bronches viscerales ;* et je nommerai *bronches gastriques*, celles qui, depuis la trachée-artère jusqu'à la ligne inférieure, en parcourent les côtés et le ventre.

» Les *trachée-artères* et les *bronches* sont des vaisseaux toujours ouverts ; ils ont une élasticité, qui leur permet de se prêter à une grande tension, et de retourner à leur longueur ordinaire, aussi-tôt que la tension cesse. Ils sont naturellement d'une couleur argentée, qui paroît, à la loupe, d'un éclat et d'un lustre admirable ; mais, lors que la chenille a été morte deux ou trois jours, quoique conservée dans des liqueurs spiritueuses, ces trachées, tous les troncs des bronches qui y aboutissent, et leurs plus gros rameaux, perdent ce lustre, et deviennent bruns : pendant que les bronches délicates y conservent ordinairement, plusieurs semaines, leur belle couleur argentée.

» Leurs tuniques (1). — Les trachée-artères et leurs principales bronches sont composées de trois tuniques, que j'ai très souvent séparé les unes des autres, et qui se trouvent apparem-

(1) Voir pl. VI, fig. 5 et les explications.

ment aussi dans les bronches les plus deliées ; mais leur petitesse ne permet pas de les y suivre.

» Ceux d'entre les vaisseaux, que j'ai pû dépouiller de leurs tuniques, m'ont fait voir que la première, celle qui forme l'enveloppe extérieure, est une membrane assez épaisse, munie d'un grand nombre de fibres ou de vaisseaux, qui décrivent, tout autour, quantité de cercles irréguliers, très serrés, et qui s'entre-communiquent par de fréquentes bifurcations.

» Après avoir enlevé la première tunique, ce qui n'est pas bien difficile, on parvient, mais avec plus de peine, à en separer la seconde, qui est une membrane beaucoup plus mince et plus transparente, à laquelle on n'aperçoit aucun vaisseau particulier. Cette opération met à découvert une troisième et dernière tunique, remarquable, en ce qu'elle est composée de filets écailleux, tournés ordinairement en helice, et si près, qu'à peine y a-t-il l'épaisseur d'un filet d'intervalle d'un tour à l'autre. J'ai dit que ces filets sont ordinairement tournés en helice, parcequ'ils ne le sont, ni ne peuvent l'être par-tout, et qu'il y a des endroits, où ils sont si courts, qu'ils ne forment que des portions de cercles de différente grandeur, interceptées par d'autres filets, comme cela arrive là où un tronc se partage en deux ou en plusieurs branches.

» Ces filets mêmes sont très deliés, et le sont beaucoup davantage que les fibres ou les vaisseaux qui rampent, presque en même sens, sur la tunique extérieure de la bronche. Leur forme aproche de la cylindrique; mais elle a des irrégularités, qui n'empêchent pourtant pas que les filets d'un même endroit ne soyent, ou peu s'en faut, de la même épaisseur. Leurs tours sont tous assujettis à distances égales les uns des autres, par des membranes, qui en occupent les intervalles; et ces membranes, réunies avec les filets, forment ensemble un canal continu, que le ressort des filets tient toujours ouvert, quelque inflexion que la bronche reçoive, afin que l'air y ait sans cesse un libre cours.

» Ce sont ces filets, qui m'ont déterminé à caractériser les bronches, qui se trouvent mêlées avec d'autres parties, dans les planches de cet

ouvrage, par des hachures courbes transversales, qui les font à-peu-près paroître telles
qu'elles s'offrent à ceux qui les considèrent avec
une forte loupe, et c'est à cette marque qu'il
sera aisé de les distinguer de tout autre vaisseau
qui y ressemble.

» La forme des bronches est cylindrique, ou
plutôt foiblement conique, puis qu'elles diminuent insensiblement de volume, à mesure qu'elles
s'éloignent de leurs troncs.

» FORME DE LA TRACHÉE-ARTÈRE. — Il n'en
est pas de même des trachée-artères. Elles sont
l'une et l'autre un peu applatties, et plus ou
moins rentrantes sur le milieu de leur largeur.
Quand on examine leurs filets écailleux, on y
remarque un pli, comme s'ils avoient été froissés.

» SES CORDONS CHARNUS. — La trachée-artère
est pourvue, à chaque anneau, à la reserve
du premier et des deux derniers, d'un cordon
charnu, quatre ou cinq fois plus épais que ses
filets écailleux, et l'on y remarque un petit
étranglement. Sous ce cordon, on la trouve
intérieurement herissée d'un grand nombre de

poils ou de pointes extrêmement délicates ; il y a toute apparence que ce cordon charnu est un sphincter, dont la contraction ferme la trachée à ces endroits, lors qu'il s'agit d'arrêter le passage de l'air, pour le contraindre à enfiler d'autres chemins, suivant les besoins que l'insecte en peut avoir. »

Nombre des bronches ou trachées dessinées et décrites par Lyonet.

		Tiges.		Branches.	Bronches détachées
Au 1er anneau		14	qui ont produit	127	0
2e	—	5	—	56	4
3e	—	5	—	33	5
4e	—	11	—	63	11
5e	—	9	—	44	12
6e	—	11	—	62	16
7e	—	11	—	52	16
8e	—	9	—	54	14
9e	—	15	—	44	12
10e	—	13	—	60	14
11e	—	15	—	93	12
		118	—	668	116

Ce qui fait 118 tiges, dont Lyonet a suivi, à-peu-près, 668 branches, dans leurs rameaux et leurs ramifications : sans compter encore

116 bronches détachées, dont les branches, les rameaux, et les ramifications ont été pareillement détaillées. Or, comme il doit y avoir eu environ le même nombre de tiges, de branches, et de bronches détachées à l'autre côté de la chenille, en doublant ces nombres, on trouvera que les tiges seules de cet insecte sont montées, ou peu s'en faut, à 256, qui ont fourni autour de 1568 branches, en y comprenant les bronches détachées !

Le passage de Fénélon, que nous avons placé en tête de ce chapitre, peut surtout s'appliquer à ce que nous avons à dire des bronches ou trachées ; car on a pu se convaincre, en lisant, avec attention, ce que dit Lyonet de ces vaisseaux aérifères, qu'ils se divisent en une si prodigieuse quantité de ramifications, répandues dans tout le corps de la chenille, que chaque partie en est presque littéralement recouverte et qu'il n'est pas moins impossible de les suivre jusqu'à leurs extrémités, et de les détailler, qu'il le serait de suivre et de détailler les vaisseaux capillaires dans lesquels nos artères et nos veines se distribuent. Combien ne doit-on pas être émerveillé, lorsqu'on apprend que ces trachées artérielles si déliées, si frêles, ne sont pas des tuyaux formés d'une seule membrane ; mais des vaisseaux toujours ouverts, composés de trois tuniques ! Qui aurait pu jamais s'imaginer, avant ces importantes découvertes, que des vaisseaux si délicats fussent organisés avec tant d'art ?

Le lecteur aura, sans doute, été frappé de cette sage précaution de la nature, qui doit lui faire comprendre que les moindres détails d'organisation révèlent souvent des faits de la plus grande importance. Nous faisons allusion ici à la tunique composée de filets écailleux, tournés en hélice : ces filets étant fort élastiques, maintiennent les trachées dans un état habituel de dilatation ; de sorte que, ces vaisseaux étant comprimés par les efforts des muscles expirateurs, se dilatent d'eux-mêmes aussitôt que cette action cesse, et l'inspiration devient ainsi passive. On conçoit que, sans cette organisation ingénieuse, la moindre pression eût comprimé pour toujours les vaisseaux, et que la mort de l'insecte s'en serait suivie promptement.

Pour avoir une idée du nombre prodigieux des trachées qui existent dans l'intérieur de la chenille, il suffira de se rappeler que Lyonet a compté 236 tiges principales, qui ont fourni environ 1336 branches, et qu'il a trouvé en plus 232 bronches détachées. (Il y a à ajouter à ces chiffres une foule innombrable de petites trachées trop peu visibles pour être décrites.)

« LE CŒUR. — La partie, à laquelle les naturalistes ont donné le nom de *cœur* (1),

(1) Dans une note placée à la page 17, nous avons promis de revenir sur l'admirable organisation du cœur, décrite ainsi par le savant Straus : « Le cœur est divisé

quoiqu'on ne soit guères assuré qu'elle en fasse les fonctions, a une forme très différente du cœur des grands animaux. Elle est presque aussi

intérieurement en huit chambres, séparées les unes des autres par deux valvules convergentes, qui permettent au sang de se porter, d'arrière en avant, d'une chambre dans l'autre, jusque dans l'artère qui le conduit dans la tête, mais qui s'opposent à son mouvement rétrograde. Chaque chambre porte latéralement, à sa partie antérieure, deux ouvertures en forme de fentes transversales, qui communiquent avec la cavité abdominale, et par lesquelles le sang contenu dans cette dernière peut entrer dans le cœur. Chacune de ces ouvertures est munie intérieurement d'une petite valvule en forme de demi-cercle, qui s'applique sur elle lors du mouvement de systole. D'après cette courte description, on conçoit que, lorsque la chambre postérieure vient à se dilater, le sang contenu dans la cavité abdominale y pénètre par les deux ouvertures dont nous venons de parler, et que nous nommons auriculo-ventriculaires.

» Quand la chambre se contracte, le sang qu'elle contient ne pouvant pas retourner dans la cavité abdominale, pousse la valvule interventriculaire, passe dans la seconde chambre, qui se dilate pour le recevoir, et qui reçoit en même temps une certaine quantité de sang par ses propres ouvertures auriculo-ventriculaires. Lors du mouvement de systole de cette seconde chambre, le sang passe de même dans la troisième, qui en reçoit également par les ouvertures latérales, et c'est ainsi que le sang est poussé d'une chambre dans l'autre jusque dans l'artère.

longue que toute la chenille. C'est un canal qui, placé immédiatement sous la peau du dos de cet insecte, parcourt toute la ligne supérieure, depuis la douzième division jusqu'au-delà de la première, où, entrant dans la tête, il se termine assez près de la bouche ; large et spacieux, vers les derniers anneaux du corps, il diminue à mesure qu'il approche de la tête ; de manière qu'il n'y entre que sous là forme d'un vaisseau délié.

» SES AILES. — Depuis la quatrième, jusqu'à la douzième division, il a, de part et d'autre, à chaque division, un appendice qui couvre en partie les muscles droits du dos, et qui, se retrecissant tous, à mesure qu'ils approchent

Ce sont ces contractions successives des chambres du cœur qu'on aperçoit au travers de la peau des chenilles. »

En donnant connaissance de cette sublime organisation du cœur, si bien décrite par M. Straus, nous devons prévenir le lecteur que ce savant a trouvé le cœur ainsi organisé chez le hanneton ; mais que d'autres auteurs prétendent toujours que, du moins chez la plupart des insectes, ce prétendu cœur ne sert pas à la circulation. On verra plus loin une communication fort intéressante, faite à l'Académie des sciences, tout récemment, par M. Léon Dufour.

de la ligne latérale, forment, deux à deux, des espèces de lozanges irrégulières, dont les pointes s'avancent, la plûpart, jusqu'au-delà de l'intermédiaire supérieure, comme on le voit dans la figure. J'appellerai ces appendices les *ailes du cœur*. La première paire de ces ailes est la plus petite, et les deux avant-dernières paires en sont les plus larges.

» Les seuls indices, auxquels on a cru reconnoître que ce long canal musculeux étoit le cœur de la Chenille, sont, qu'il est ordinairement rempli d'une limphe, qu'on a jugé devoir faire les fonctions de sang dans cet insecte, et que, dans toute chenille en vie, dont la peau est un peu transparente, on observe, à cette partie, le long de la ligne supérieure, des dilatations alternatives, continuelles, et régulières, qui commencent par le onzième anneau, et passent ensuite d'anneau en anneau jusqu'au quatrième, où ils finissent ; ce qui a fait que plusieurs naturalistes ont considéré ce canal comme une file de cœurs placés bout à bout, et, dans ce sens, nôtre chenille en auroit au moins huit, puis qu'il s'y fait huit battemens sensibles à la file les uns des autres.

» Du reste, ce viscère n'a guères de rapport avec le cœur des grands animaux ; on ne remarque pas qu'il s'y ouvre aucun vaisseau, qui fasse l'office d'aorte, de veine cave, d'artère, de veines pulmonaires, ni de rien d'aprochant, et, comme jusqu'ici on n'a point sçu trouver de veines ni d'artères aux chenilles, on est encore fort incertain s'il s'y fait une véritable circulation de sang, et comment le cœur y peut contribuer (1).

(1) Pour compléter la première partie de la note que nous avons placée à la page 17 de la préface de Lyonet, nous avons dû ajouter ici, une communication faite tout récemment à l'Académie des sciences, par l'illustre Léon Dufour, sur la prétendue circulation dans les insectes ; nous l'avons ajoutée avec d'autant plus de plaisir, qu'elle vient, fort à propos, confirmer les présomptions de Lyonet. « J'ai été heureux, dit M. Léon Dufour, de lire ces mots dans l'analyse que M. Flourens a donnée de l'atlas d'anatomie comparée de MM. Carus et Otto : la circulation cesse entièrement dans l'insecte parfait, chez lequel la respiration se fait dans toutes les parties du corps. » C'est là un véritable triomphe pour moi, qui n'ai pas cessé depuis vingt ans de répéter que le raisonnement et les faits repoussaient l'existence de cette circulation. Que

» Les corps reniformes ; leur queue. — Sur le cœur, tout joignant son canal, on voit, à la huitième division, deux masses blanches oblongues. Elles se terminent chacune par un vaisseau long et délié, qui descend vers le dixième anneau, et s'y introduit sous les muscles droits du dos. J'appellerai ces muscles les *corps reniformes*, à cause de quelque rapport grossier qu'ils ont, pour la figure, avec des roignons ; et je donnerai le nom de *queues des corps reniformes*, aux vaisseaux qui en dérivent.

» Le corps graisseux ; étui graisseux. — Le *corps graisseux* est, de toutes les parties intérieures de la chenille, la plus considérable par son volume (1). C'est la première, et en quelque sorte la seule, qui frappe la vue, quand

dis-je ? Ce triomphe est celui de mon illustre maître, du grand Cuvier. Il y a près d'un demi-siècle qu'il avait hautement déclaré l'incompatibilité physiologique d'un système vasculaire avec un système trachéen aérifère qui porte dans tous les tissus le bénéfice de la respiration sanguine.

(1) Voyez la planche IV qui représente le corps graisseux et les autres parties de l'intérieur, avec les explications.

on ouvre cet insecte. On voit alors que ce corps
forme d'abord comme une espèce de fourreau,
que je nommerai l'*etui graisseux*, qui sert à
envelopper et couvrir presque toutes les en—
trailles.

» On s'apperçoit de plus, en le suivant, qu'il
s'introduit dans la tête, et entre tous les muscles
du corps, et qu'il remplit la plupart des vuides
que les autres parties de la chenille laissent entre
elles. Sa couleur est d'un très beau blanc de
lait. Sa configuration tient un peu de celle de
notre cerveau. C'est un composé de différentes
masses irrégulières, plus ou moins applaties,
qui communiquent les unes avec les autres, et
qui laissent entr'elles des sillons très profonds
et très variés. Sa substance est mollasse et facile
à rompre. J'ai fait inutilement des essais pour
en découvrir la contexture. Lors qu'on en examine une parcelle, avec un bon microscope,
sur un morceau de verre, elle paroît être un
amas confus de vésicules amoncelées. Quand
cette parcelle est très platte et mince, elle se
montre d'abord comme une couche de petites

molécules irrégulières, séparées, de grandeur peu dissemblable, placées très près les unes des autres, entre deux fines membranes, et l'on n'y voit que quelques bronches clair-semées. Lors qu'après l'avoir posée sur un morceau de verre, on en laisse évaporer l'humidité ; comme il arrive alors que le bord de ces membranes s'attache le premier au verre, en se séchant, et empêche les membranes de se raccourcir, elles se pressent l'une sur l'autre, écrasent les molécules, et en font sortir l'huile. Alors cette lamelle de corps graisseux ne paroît que comme une double membrane, entre laquelle on voit, au lieu de molécules, diverses petites goutes d'huile, trans-parentes, répandues çà et là, et des bronches, qui se ramifient à perte de vue sur ces mem-branes, et jusqu'à un tel point de finesse, que de très bons microscopes ne suffisent pas pour en découvrir les extrémités.

» La *Fig.* 6, *Pl. V*, offre une de ces lamelles du corps graisseux, grossie au moyen du mi-croscope. Les molécules s'y voyent ainsi qu'elles paroissent avant l'évaporation, et les bronches,

comme elles se montrent après cette évaporation ;
mais je ne les ai pu représenter avec assez de
délicatesse.

» Si l'on bat cette graisse avec un pinceau,
ou qu'on la presse avec une aiguille, on en fait
sortir une grande quantité d'huile très limpide,
accompagnée d'un peu de matière nébuleuse,
et, ce qui reste, ne paroît être que des fragmens
de membranes fort transparentes, nombre de
bronches et quelques nerfs ; de sorte que la plus
grande partie du corps graisseux n'est que de
l'huile amoncelée par très petites goutes, telles
à-peu-près qu'on en voit, plus en grand, dans
les vaisseaux de la membrane cellulaire du corps
humain ; et c'est apparemment l'assemblage de
ces goutes, extrêmement petites, joint à l'air,
qui se trouve entre leurs interstices, qui fait
paroître le corps graisseux tout blanc et opaque,
comme le paroît l'eau de savon, quand on la
convertit en écume. Il se pourroit même que
le peu de matière plus épaisse, qu'on fait sortir
avec l'huile, ne fût qu'un amas de ces goutes,
encore plus petites, qui ne se sont point mêlées

ensemble. Quoiqu'il en soit, il est certain que la plus grande partie de ce qu'on appelle le *corps graisseux*, n'est que de l'huile toute pure.

» Dès qu'on a séparé les différentes masses du corps graisseux, qui enveloppe encore les entrailles, et qu'on a renversé ces masses sur les côtés de l'animal, comme dans la *Pl. IV* (1), la partie la plus considérable, que l'on découvre alors, est un conduit fort spacieux et varié, qui s'étend en droite ligne depuis la bouche jusqu'à l'anus. Il est composé de trois viscères très différens, savoir l'œsophage, le ventricule, et les gros intestins.

» L'œsophage. — L'œsophage descend depuis le fond de la bouche jusqu'assez près de la quatrième division. Sa partie antérieure, qui est dans la tête, est charnue, étroite, et attachée, par divers muscles aux écailles, que j'ai appellé la *traverse* et les *montans* de la *porte*. Sa partie postérieure, s'élargit en entrant dans le corps, et forme une manière de

(1) Voyez la pl. IV avec les explications.

sac membraneux, sur lequel rampent en tout sens, une grande quantité de petits muscles (1). Près de l'estomac, il se resserre, et est entouré d'un large sphincter, capable d'intercepter sa communication avec le ventricule.

» Sa bride. — L'œsophage est comme bridé, dans toute sa longueur, par un grand nerf, qui y tient par intervalles, et qui se partage en trois sur ce sphincter ; je nommerai ce nerf *la bride de l'œsophage ;* on la voit ici dans la figure, sur le milieu de ce vaisseau.

» Le ventricule. — Le ventricule commence un peu au-dessus de la quatrième division, à l'endroit où l'œsophage finit, et se termine à la dixième division. Il est pour le moins sept fois plus long qu'il n'est large, et sa capacité surpasse celle de l'œsophage et des gros intestins. Sa partie antérieure, qui est la plus large, est ordinairement pliée en courcaillet, et les plissures en diminuent avec son volume, à mesure qu'il aproche des intestins. Quantité de muscles lon-

____

(1) Voir la pl. **V**, fig. 2, et la pl. **VI**, fig. 2, avec les explications.

gitudinaux et transversaux (1) rampent sur sa surface, et il est parsemé d'un très grand nombre de branches circulaires, que l'on ne voit pas dans la figure, et de plusieurs nerfs qui n'y paroissent pas.

» PREMIER GROS INTESTIN. — Il s'ouvre dans un large conduit, qui à peine a un tiers d'anneau de longueur, et que je nommerai le *premier gros intestin*. La partie antérieure de cet intestin est presque aussi large que l'extrêmité du ventricule, mais la postérieure est sensiblement plus étroite ; elle est terminée par un sphincter, capable d'intercepter, au besoin, la communication de cet intestin avec celui qui le suit (2).

» SECOND GROS INTESTIN. — Depuis ce sphincter, on voit continuer, en droite ligne, un vaisseau, qui n'est guères moins gros et moins court que le précèdent, et qui se termine par une enveloppe charnue, de forme singulière. J'appellerai ce vaisseau le *second gros intestin*.

(1) Voir la pl. VI, fig. 3 avec les explications.

(2) Voyez pour les trois gros intestins et les intestins grèles, la pl. VI, fig. 4 avec les explications.

» Troisième gros intestin. — Il est suivi d'un canal, de moitié plus étroit, qui a bien un anneau et demi de long, et qui se termine près de l'anus. Je lui donnerai le nom de *troisième gros intestin* (1).

(1) Le lecteur doit se rappeler que ce troisième gros intestin possède 1 800 muscles (voir la liste des muscles). Lyonet, dans une autre partie de son ouvrage, nous fait voir que chacun des 600 muscles transversaux communique, avec celui qui le précède et celui qui le suit immédiatement, par un grand nombre d'attaches très-courtes et très-déliées, ainsi que l'exprime la figure 3 de notre planche II, où trois muscles transversaux, avec deux bouts de muscles longitudinaux auxquels ils tiennent, et les petits muscles obliques qui les assujettissent se voient très-en grand. Ainsi, on peut ajouter, en comptant 40 attaches par muscle, au moins 24 000 petites attaches, pour fixer ensemble les 600 muscles transversaux ; ce qui fait, avec les 1 200 muscles obliques, près de 26 000 parties employées pour mettre un intestin, d'une très-petite dimension, en état de remplir ses fonctions. Ah, ne nous lassons pas d'admirer la patience surprenante et l'habileté qu'il fallait au célèbre Lyonet, pour observer avec tant d'exactitude, des parties si frêles et si nombreuses !

Lorsqu'on considère tant de merveilles, n'est-on pas forcé de reconnaître que, l'auteur sublime de la nature est admirable dans toutes ses œuvres, et que la structure du plus petit insecte, nous fournit une aussi abondante matière à le louer, que les astres qui sillonnent la vaste étendue des cieux ?

» Ces intestins ont chacun une structure qui leur est particulière, et des caractères, qui autorisent à les distinguer les uns des autres ; mais, quoique ce ne soit pas ici le lieu de détailler ces marques distinctives, l'ordre veut que je ne passe pas sous silence un point, qui caractérise extrêmement le second des gros intestins ; c'est qu'il produit, de part et d'autre, une suite de vaisseaux, qui serpentent autour du ventricule, et surtout autour des gros intestins ; vaisseaux, auxquels je donnerai le nom d'*intestins grêles*, parcequ'ils me paroissent faire les fonctions d'intestins, et qu'ils sont incomparablement plus menus que ceux dont on vient de parler.

» Les deux vaisseaux soyeux. — La nature ayant donné à la plupart des Chenilles la faculté de filer, les a pourvu, pour cet effet, de deux vaisseaux (1) où se prépare la matière, qui, étendue à l'air, se fige et se convertit en fil. Ces deux vaisseaux se nomment les *vaisseaux soyeux*. Ils ont souvent, dans notre chenille, plus de trois pouces de longueur. On y peut

(1) Voyez la pl. **IV** avec les explications.

distinguer une *partie antérieure*, une *partie intermédiaire*, et une *partie postérieure*.

» LEUR PARTIE ANTÉRIEURE. — La *partie antérieure* est un canal, qui n'a environ que l'épaisseur d'un crin, et depuis 8 jusqu'à 10 lignes de longueur. Il commence à la *filière*, où il se trouve réuni en T, avec son pareil. Après s'être séparés pendant une distance de la longueur environ de cette filière, ils se joignent en G, et on les trouve comme soudés ensemble ; puis ils se séparent encore une fois, et restent séparés. L'un se dirigeant à droite, et l'autre à gauche, entre ensuite de la tête dans le corps, et chacun va s'ouvrir au troisième anneau, dans la *partie intermédiaire* qu'il précède.

» LEUR PARTIE INTERMÉDIAIRE. — Cette *partie intermédiaire* est, à son origine, bien sept ou huit fois plus épaisse que l'antérieure ; elle a plus de 18 lignes de longueur ; elle est naturellement entortillée, comme on le voit dans la figure, et son épaisseur diminue insensiblement jusqu'à son autre extrémité.

» LEUR PARTIE POSTÉRIEURE. — La *partie*

8*

postérieure, qui a une origine beaucoup plus mince que la précédente, se distingue, à certains sujets, par une marque de séparation, qui n'est guères sensible à d'autres. Elle va aussi en diminuant, et communique, à son extrêmité, par un filet assez sensible, à un plexus de fibres, qui se répandent sur le premier gros intestin, sur les intestins grêles, et dans le corps graisseux.

» Quoique les vaisseaux soyeux soient souvent plus longs que toute la chenille, puisque j'en ai vu, dont les parties intermédiaire et postérieure avoient ensemble 4 pouces et $1\frac{1}{2}$ ligne de longueur, ils ne descendent pas au-delà de la dixième division, à cause des différentes inflexions tortueuses qu'ils ont presque d'un bout à l'autre, et sur-tout à la partie inter—médiaire.

» LES DEUX VAISSEAUX DISSOLVANS. — Les deux *vaisseaux*, que j'ai nommé *dissolvans* (1), à cause que je crois qu'ils servent à préparer et contenir un suc, destiné à dissoudre le bois,

(1) Voyez la pl. IV avec les explications.

dont cet insecte se nourrit, sont placés dans la région antérieure de la chenille. On y distingue trois parties ; un *cou*, un *réservoir*, et une *queue*.

» LEUR COU. — Leur *cou* est un canal assez large, qui, par l'une de ses extrémités, s'ouvre dans la bouche de l'animal, et, par l'autre, au premier anneau, dans un vaisseau spacieux, que j'appellerai le *réservoir du vaisseau dissolvant*.

» LEUR RÉSERVOIR. — Ce *réservoir* commence un peu au-dessous de la première division, et se termine ordinairement à la cinquième, ou un peu au-delà ; il n'a pas mal la figure d'un boudin, et contient une liqueur huileuse, jaunâtre, qui a une forte odeur.

» LEUR QUEUE. — De son bout postérieur, on voit sortir un vaisseau blanc, très long et très délié, qui, après avoir fait quelques zic-zac, en remontant, pénètre entre les lobes de l'étui graisseux, et y fait quantité de tours et de retours en tout sens, après quoi il se fourche quelquefois, et se termine ainsi par une, ou par deux extrémités toujours aveugles. Je nommerai ce long vaisseau, la *queue du vaisseau dissolvant.* »

DES PARTIES EXTÉRIEURES

De la chenille du bois du saule,

ET DE

QUELQUES PARTIES SOLIDES,

QUE LE CORPS RENFERME.

Si le télescope d'un astronome lui fait découvrir mille choses admirables par leur masse et leurs révolutions, le microscope d'un observateur d'insectes lui en fait découvrir autant de merveilleuses par leur petitesse et par leurs changemens.

LESSER.

« LA PEAU. — Outre les éminences, les plis, les rides, et les enfoncemens, placés en symmétrie, que la simple vue découvre à la peau de la chenille, la loupe nous fait voir qu'elle est encore toute gravée de sillons, qui, la parcourant en tout sens, forment sur elle un lacis réticulaire, semblable à celui que l'on remarque sur le dessus de nos mains, quand on les regarde de bien près; mais incomparablement plus fin et plus serré. Et, dans une chenille vivante, exposée à un jour favorable, on observe aussi, dans sa peau, le long de la ligne supérieure, et par-tout où cet insecte n'est pas d'un rouge foncé, un tissu irrégulier de vaisseaux, ou de filamens très blancs, qui la parcourrent en tout sens, et qui, à la loupe même, ne paroissent pas plus gros que des fils de toile d'araignée.

» Au microscope on trouve encore la peau, outre cela, toute chagrinée de grains inégaux, si petits, qu'ils échappent même à la loupe.

» COMPOSÉE DE DEUX TUNIQUES. — Cette peau, au reste, a la consistance et l'épaisseur à-peu-près du parchemin vierge; elle a quelque trans-parence; quoiqu'elle paroisse simple, elle est, en effet, double, et, avec des instrumens, on parvient à séparer les deux tuniques, dont elle est composée, et qui sont aussi intimement adhérentes que notre épiderme l'est à notre peau.

» L'extérieure chagrinée ; l'intérieure vasculeuse. — On se tromperait pourtant si l'on considéroit la *tunique extérieure* comme l'épiderme de la chenille ; elle n'en a nullement les caractères ; les grains, dont elle est chagrinée, lui sont propres, et ne sont point l'effet de mammelons cutanés de la *tunique intérieure* : cette dernière n'en a point de perceptibles, et, dans une peau macérée, il n'est pas difficile de détacher, de la *tunique extérieure*, ces grains, que l'on trouve être d'une substance dure et solide. La *tunique extérieure* est d'ailleurs tout aussi épaisse, et a beaucoup moins de transparence que l'autre. Au lieu des grains, dont celle-là est chagrinée, on apperçoit, par le microscope, à celle-ci, grand nombre de nerfs et de filets, de différente épaisseur, qui y rampent en tout sens, et qui ont l'apparence de vaisseaux.

» Les poils ; couleur. — Les poils, qui paroissent à la peau de cette chenille, sont en petit nombre. Il y en a environ une vingtaine à chaque anneau, et, de plus, une douzaine à chaque jambe antérieure ; ils sont d'un blond un peu ardent. Les plus grands ont environ deux lignes de longueur ; on remarque aisément qu'ils sont creux, depuis leur racine jusqu'assez près de leur extrêmité ; mais je n'ai pu m'assurer s'ils le sont d'un bout à l'autre.

» Figure. — L'extrêmité de plusieurs est applattie, et torse.

» Leur anneau. — Ces poils sont enchassés dans un anneau ou cylindre très court, écailleux, et brun, qui s'élève un peu au-dessus de la peau, et en perce les deux membranes ou tuniques ; le poil passe par cet anneau, et m'a paru communiquer, par la racine, avec un tegument molasse, qui tapisse la peau en dedans, et sur lequel les nerfs forment un tissu réticulaire. J'ai cru même voir, plus d'une fois, de petits nerfs de ce tissu s'introduire dans la racine d'un poil.

» Particularité de la peau qui l'environne. — Quand on examine, avec une forte loupe, sur une chenille vivante, la peau qui environne l'anneau, où le poil est implanté, on trouve, qu'autour de cet anneau elle fait tantôt une élévation, et tantôt une cavité circulaire un peu plissée de façon, que les plis sont dirigés vers cet anneau comme vers un centre commun; que la peau, qui forme cette élévation ou cette cavité, suivant que la chenille pousse l'anneau du poil en dehors, ou le retire, est beaucoup plus délicate et plus flexible là qu'ailleurs; et que, sur le dessus du dos de l'insecte, la couleur de cet endroit est un peu moins foncée que celle de la peau qui l'environne.

» La rareté de ces poils, qui, par rapport à la chenille, sont plutôt des espèces d'épines, nous apprend suffisamment qu'ils ne lui ont pas été donnés pour la couvrir, et qu'ainsi ils doivent avoir quelque autre usage; mais quel? c'est ce qui n'est pas si décidé. Il me paroît assez probable que ce sont des organes du tact. La peau de la chenille, dure et grenée, comme elle est, ne semble guères susceptible d'un sentiment fort délicat, qui ne pourroit être que très-incommode pour un animal destiné à vivre dans des cavités, souvent si étroites, que ce n'est que par bien du travail et des efforts, qu'il se transporte d'un endroit à un autre ; cependant, comme, en bien des circonstances, un sentiment délicat pouvoit lui être nécessaire, il est très probable qu'il en jouit, malgré la dureté de sa peau et de ses écailles, au moyen des poils qui les percent ; car si ses poils communiquent avec le second tégument, comme il m'a paru, ce tégument, tendre et nerveux tel qu'il est, doit recevoir toutes les impressions que les corps étrangers font sur ces poils, et les faire ressentir à la chenille, quelque foibles qu'elles puissent être, par la raison que la peau, tout près des poils, implantés dans la peau, et la petite membrane qui environne les poils, implantés dans les écailles, étant très flexibles, laissent, au poil, la liberté de céder à la rencontre du moindre objet, et que ces poils sont chacun comme autant de petits leviers assez roides, dont le point d'appui est au corps de l'Animal, et qui, venant à être pressés jusqu'à un certain degré, font, sur le second tégument, un effort d'autant plus grand, que la distance, de l'endroit de la pression au point d'appui du poil, excède celle qu'il y a de ce point, au second tégument. Je dis jusqu'à un certain degré, parceque si la pression est forte, le poil se courbe et ne fait alors l'office de levier qu'autant qu'il a de roideur. Et ce qui rend encore plus probable que les poils sont des organes du tact, c'est qu'il est très certain que les chenilles sentent par là, et que, pour peu qu'on touche à leurs poils, elles font des mouvemens qui donnent à connoître qu'elles s'en apperçoivent.

» LES STIGMATES. — Quant aux *stigmates*, nous avons dit, qu'à la vue simple, ils paroissoient comme autant de petites cavités assez profondes, bordées d'un trait brun ellyptique, et qu'au fond de ces cavités on découvroit une raye de même couleur. C'est en effet tout ce qu'on peut y remarquer sans verres, lors qu'on les regarde sur le corps de la chenille ; mais ce n'est point alors tout le stigmate que l'on a vu ; on n'en a vu que le dessus ; le reste en est caché par la peau, au travers de laquelle il pénètre dans le corps de la chenille. Il faut donc l'en détacher pour le bien reconnoître, et c'est ainsi que nous allons l'examiner, avec une loupe.

» LÈVRES DU STIGMATE ; TIGES BARBUES, DONT ELLES SONT HÉRISSÉES. — Les stigmates au dehors sont environnés d'une espèce de bourrelet plus large qu'élevé, qui se termine à l'entrée de leur cavité par un bord écailleux, lequel fait ce trait elliptique qui paroît brun à la vue simple ; mais, vu à la loupe, on trouve qu'il est rouge. La cavité même est d'un jaune citron. Ce qui y paroissoit, au fond, comme une raye brune, sont deux manières de lèvres de cette couleur, un peu relevées, fort larges, et à-peu-près de toute la longueur du dedans du stigmate ; elles bordent une fente un peu circonflexe, qui n'est guères moins longue. Dans une chenille vivante, ces lèvres s'entr'ouvent quelquefois ; mais cette action paroît absolument arbitraire, et n'a rien de périodique ni de réglé. Quand on les sépare, on trouve que leur fente n'est pas perpendiculaire au stigmate, mais oblique, et qu'une des lèvres glisse tant soit peu au-dessus de l'autre. Lors qu'on ouvre un stigmate par le milieu, on voit que sa fente a de la profondeur, et le brun de ses lèvres quelque épaisseur. Ce brun, touché d'une fine aiguille, paroît pulpeux et friable, et l'on n'y découvre rien de plus, aussi long-temps qu'on le laisse attaché au stigmate ; mais, quand on l'en sépare, et qu'après l'avoir épluché, avec de petits instrumens, on l'examine avec un bon microscope, on est surpris de trouver que cette pulpe aparente est une forêt très touffue d'un grand nombre de petites tiges, presque contiguës, d'environ une dix-septième partie de ligne de longueur, représentant cha- cune, en petit, l'extrémité d'une branche de sapin. Ces petites tiges paroissent de substance écailleuse ; elles sont transparentes, et n'ont point de filets ou de feuilles du côté de leurs racines ; mais, un peu plus haut, elles com- mencent d'en avoir, et, en aprochant de leur extrémité, elles deviennent toujours de plus en plus barbues, tellement que leur bout forme un bouton opaque, au travers duquel la tige même n'est pas visible. C'est l'amas de tous ces boutons, pressés les uns contre les autres, qui composo cette large raye brune, que j'ai nommée la *lèvre du stigmate.*

» Usage de ces tiges. — On ne sauroit guères douter que cet amas de tiges barbues, pressées les unes contre les autres, ne serve à empêcher que les corpuscules, dont l'air est chargé, n'entrent avec lui dans le corps de la chenille. On sent bien que l'air, avant de s'y introduire, venant à passer au travers de toutes ces barbes, comme par un filtre, y doit nécessairement déposer tous les corps étrangers, tant soit peu capables de causer des obstructions ; et c'est vraisemblablement aussi pour cette raison, que les barbes de ces tiges ont la pointe dirigéo, en tout sens, vers l'orifice extérieur du stig-mate ; cette direction étant la plus propre à empêcher l'entrée des corps étrangers, et à en faciliter l'expulsion : peut-être est-ce encore pour la même raison que la fente, par laquelle le stigmate s'ouvre dans le canal qui s'y abouche, et que je nommerai la *trachée - artère,* est oblique ; cette obliquité donnant naturellement, au cours de l'air, une direction inclinée, beaucoup plus propre à le faire passer au travers des tiges barbues, que s'il entroit perpendiculairement dans la fente.

» PROFONDEUR DU STIGMATE. — Une autre considération, qu'on peut encore faire sur les stigmates de cette espèce de chenilles, c'est que, pendant que ceux du commun des chenilles n'ont que peu ou point de profondeur, les stigmates de celles-ci ont leur fente placée dans une profonde cavité : ce qui étoit nécessaire pour garantir les tiges barbues qui en forment les lèvres, du frottement nuisible où elles auroient autrement été sans cesse exposées, par les efforts, que la chenille est souvent obligée de faire, pour se trainer par les conduits étroits qu'elle se pratique dans les troncs des arbres.

» SON MÉCHANISME. — Les parois de la cavité du stigmate m'ont paru être d'une écaille très mince et très souple, qui, par son ressort naturel, tend toujours à tenir les lèvres fermées.

» C'est par le moyen de deux muscles que l'insecte a la faculté de pouvoir ouvrir et fermer le stigmate, et donner ou empêcher, à volonté, l'entrée ou la sortie de l'air. »

Le lecteur a dû voir, en prenant connaissance de l'organisation des stigmates, combien la sage nature avait pris de précautions pour que l'air extérieur pût pénétrer dans les trachées ; le moyen le plus certain, pour atteindre ce but, n'était-il pas de disposer, ainsi qu'elle l'a fait, un amas de tiges barbues, pressées les unes contre les autres, à l'ouverture de chaque stigmate ; afin d'empêcher que les substances étrangères dont l'air serait chargé, ne pussent pénétrer avec lui dans les bronches qui, sans cette organisation ingénieuse, auraient été obstruées au bout d'un certain temps ? La direction la plus convenable à donner à ces tiges barbues n'était-elle pas celle qui leur a été donnée par le sublime auteur ? Les pointes étant toutes tournées vers l'orifice extérieur, il est évident qu'elles devaient empêcher plus facilement l'introduction des corps étrangers. Une autre particularité que nous devons signaler, toujours dans la crainte qu'elle ne soit échappée à quelques personnes inattentives ; c'est que les stigmates de la plupart des chenilles n'ont que très-peu de profondeur ; tandis que ceux de la chenille du saule blanc, qui fait le sujet de cet article, ont leur fente placée dans une profonde cavité : ce qui était indispensable pour garantir les tiges barbues, qui en forment les lèvres, du froissement nuisible, presque continuel, occasionné par les efforts, que la chenille est dans l'obligation de faire, pour pénétrer dans les conduits étroits qu'elle pratique dans les troncs des arbres.

C'est après avoir médité sur des remarques de ce genre, que nous ne cesserons de répéter, à toutes les personnes qui s'occupent d'histoire naturelle, que c'est dans ces petits détails d'organisation que l'on retrouve toujours la nature plus prévoyante et plus admirable.

« QUESTION SI NOS CHENILLES RESPIRENT (1). — Quand on fait réflexion au nombre de stigmates, dont la chenille est pourvue, et à la quantité prodigieuse de vaisseaux, auxquels on a vu, précédemment, qu'ils distribuent l'air, rien ne paroît plus naturel que d'en conclure, que ces insectes respirent comme nous, et que la respiration leur doit même être d'autant plus nécessaire qu'à nous, qu'ils ont plus d'ouvertures pour donner entrée à l'air, et plus de vaisseaux pour le recevoir. Cependant, avec tout cela, je n'oserois seulement affirmer qu'ils respirent, bien qu'il me soit plus d'une fois arrivé de remarquer, à quelques endroits de leur corps, en les considérant avec une forte loupe, de petits mouvemens alternatifs, qui sembloient indiquer une véritable respiration.

» Les raisons, qui me tiennent encore dans le doute, à cet égard, sont, en premier lieu,

(1) Voir la note 2, page 14 de la Préface.

que ces petits mouvemens alternatifs ne peuvent
rien décider, parcequ'ils ne paroissent que rarement, et, que, quand ils seroient constans,
ils pourroient très bien être l'effet du battement
de cœur, qui est réel dans toutes les chenilles,
et très visible au travers de la peau, à toutes
celles dont la peau du dos a quelque transparence.

» En second lieu, j'ai tenu une de nos chenilles pendant plus de deux heures de suite sous
un récipient vuide d'air, comme je m'en suis
assuré par l'indice mercuriel, sans que l'insecte
parût aucunement incommodé, et sans que cela
l'ait ensuite empêché de changer en phalène : et
l'on ne doit pas trouver étrange, posé que la
chenille ne respire point, que la machine pneu-
matique ne lui ait causé aucun accident, parce
qu'ayant la faculté d'ouvrir ses stigmates, quand
bon lui semble, elle peut, à chaque coup de
piston, à mesure que l'air se dilatte dans ses
vaisseaux, en laisser sortir, par ces issues, autant
qu'il en faut pour empêcher qu'ils ne souffrent
aucune extension ; aussi ne voit-on pas que cette

opération fasse enfler, en quoi que ce soit, la chenille ; preuve évidente, que les conduits aëriens se vuident, et que, s'il y a encore de l'air renfermé dans son corps, hors de ces conduits, la porosité des parties de la chenille et de sa peau, permet, à cet air, d'en sortir avec facilité.

» Enfin, la troisième raison, qui me fait douter de la respiration des chenilles, c'est que quand on les tient plongées dans l'eau, on ne voit pas que la petite bulle d'air qui remplit ordinairement alors la cavité des stigmates, grossisse et diminue alternativement, comme il sembleroit devoir arriver si la chenille respiroit ; de plus, notre chenille résiste, à cette submersion, un temps beaucoup plus considérable que tout animal, qui respire, ne paroît, dans les mêmes circonstances, y pouvoir résister ; car j'ai tenu des chenilles du bois de saule, pendant l'été, jusqu'à dix-huit jours entièrement submergées dans des tubes remplis d'eau. Après avoir été essuiées, et laissées dans un lieu tempéré, elles ont repris en moins de deux heures, leur mouvement, qu'elles avoient perdu dès la première heure de leur submersion : or, je ne crois pas qu'on ait vu, jusqu'ici, aucun animal respirant, qui résiste, en été, à une submersion aussi longue.

» Mais, dira-t-on, si les chenilles ne respirent point, à quoi leur sert la quantité prodigieuse de vaisseaux aëriens, que l'on sait qu'elles ont? On pourroit répondre à cette question par une autre, et demander, si les chenilles respirent, pourquoi n'ont-elles pas des poumons? car l'un et l'autre semblent également nécessaires à la respiration, et c'est un fait avéré, depuis long-tems, qu'elles n'en ont point ; ce qu'il y a de certain, c'est que les vaisseaux aëriens leur sont nécessaires, puisqu'elles en ont ; et qu'ils leur sont même très nécessaires, puisque leur nombre est prodigieux ; mais à quoi leur servent-ils? c'est ce qu'on ne sauroit déterminer avec certi-tude ; on peut pourtant avancer, avec assez de vraisemblance, qu'un de leurs usages doit être de concourir, avec les nerfs, à la contraction des muscles, pour opérer les mouvemens ; vû que j'ai expérimenté plus d'une fois, à notre chenille, que lors que je couvrois d'huile, à quelques reprises, les stigmates de trois ou quatre anneaux qui se suivent, ces anneaux devenoient gonflés et paralytiques, et le restoient pendant plusieurs jours, après quoi, ils se desenfloient et reprenoient leur premier état d'activité ; apparemment parceque l'huile s'étant enfin dissipée, les vaisseaux s'étoient r'ouverts.

» LES JAMBES (1). — Notre chenille a huit paires de jambes, distinguées en *antérieures, intermédiaires* et *postérieures ;* les six antérieures sont articulées, et se terminent par un oncle crochu ; les huit intermédiaires, et les deux postérieures n'ont point d'articulations, et se terminent par une plante de pied ovalaire ; et

(1) Bien que la planche, sur laquelle figurent plusieurs jambes, n'ait pas été comprise parmi celles que nous avons reproduites, on a laissé (ainsi qu'on l'a déjà fait dans d'autres parties de cet Abrégé) les lettres et les chiffres qui renvoient à la planche, pour faciliter l'intelligence du texte ; parce que cette suppression eût exigé trop de changements dans ce texte. Le lecteur intelligent, concevra, tout aussi bien, l'admirable mécanisme des jambes et de leurs centaines de crochets.

la plante des intermédiaires est entièrement environnée de crochets, pendant que celle des
postérieures n'en a simplement que par devant.

» Antérieures, composées de cinq pièces. —
Les verres qui grossissent nous mettent en état
de porter ce détail plus loin, et nous aprennent,
que les six antérieures, qui sont pareilles, sont
composées chacune de cinq pièces mobiles, armées de quelques épines, et articulées les unes
sur les autres ; mais bien différemment des
grands animaux; puisque les articulations mobiles
de ceux-ci sont un effet de l'assemblage de leurs
os, dont les extrémités s'apuyent et glissent de
différente façon les unes sur les autres, ou les
unes dans les autres ; au-lieu que les articulations
des jambes antérieures de toute espèce de chenilles, sont un effet de la souplesse de la peau,
qui en réunit, bout a bout, les différentes
pièces, lesquelles étant couvertes ailleurs d'une
envelope beaucoup plus dure, ne cèdent à l'action
des muscles, qu'aux endroits où cette peau
flexible les assemble.

» Première pièce. — La première pièce B,

des jambes antérieures de notre chenille, celle par où elles tiennent au corps, est précédée et entourée d'un large rebord, irrégulièrement circulaire A, que fait la peau à cet endroit; elle y est articulée par le pli d'une membrane flexible, qui laisse, à la jambe, la liberté de se mouvoir, en tout sens, sur ce rebord, autant que l'étendue de la membrane peut le permettre. Dans tout le côté visible de la *Fig.* 8, qui représente une jambe gauche, au même point de vue où on les voit *Pl. I, Fig.* 4, cette première pièce tient, pour la dureté, un peu de l'écaille; au côté opposé elle est membraneuse et flexible; ce qui a été ainsi ménagé, pour laisser, à la jambe, la faculté de se renverser de côté contre le corps; attitude qui lui est fort naturelle.

» Entre la première et la seconde pièce, il y a un double pli C, muni, de part et d'autre de cette lettre, d'une lame écailleuse, qui n'est guères plus longue que ce qui en paroît. Il fait face vers la ligne inférieure, et ne fait pas le tour de la jambe. Son usage est de faciliter les mouvemens de la seconde pièce sur la première.

» Seconde pièce. — La seconde pièce **D**, qui est beaucoup moins grosse que la première, et qui est la plus longue des cinq, est presque toute membraneuse au côté visible dans la figure, ce qui lui permet de pouvoir se replier en avant sur celle qui la précède. Le côté opposé en est brun et écailleux ; il est échancré par en bas, pour laisser, à la jambe, la liberté de se renverser plus aisément, et de prendre l'attitude que nous avons dit lui être naturelle.

» Troisième pièce. — La troisième pièce **E**, plus courte et moins grosse que la seconde, est, par derrière, toute écailleuse et sans échancrure. A l'opposite elle a un intervalle membraneux, qui paroît dans la figure, et, à ce côté, l'écaille est entaillée, en dessus et en dessous, de manière, qu'elle permet, à la pièce **E**, de se courber sur la précédente jusqu'au point, de pouvoir presque faire un angle droit avec elle, et à la quatrième pièce **F**, de se replier, quoiqu'un peu moins, sur la troisième.

» Quatrième pièce. — Cette quatrième pièce, qui a encore moins de volume en tout sens que

la troisième, est toute écailleuse, à la réserve
de l'échancrure, qu'on y voit dans la figure,
et qui y a été ménagée pour laisser, à cette
pièce, le moyen de s'incliner plus aisément sur
celle qui précède.

» CINQUIÈME PIÈCE, QUI EST L'ONGLE ; SON
DOUBLE APPENDICE. — La cinquième et dernière
pièce est l'ongle **G**. Il est articulé par une membrane, sur la quatrième, sur laquelle il peut
un peu se mouvoir en différent sens Il n'a pas
une demi ligne de longueur. Il est très dur,
écailleux, noir, crochu, et terminé en pointe.
La *Fig.* 9 le représente plus en grand : on y
voit que son dos est renforcé par une crête
écailleuse, et que sa base s'élargit en pince
d'écrevisse. Il y est creux, et, de l'extrémité **H**
de cette base, part un double appendice très
fort, qui prête tant soit peu quand on le tire,
et qui, pour la consistance, semble tenir le milieu
entre l'arrête, dont il a la couleur, et la membrane. Cet appendice est plus épais et plus solide
vers son origine **H** qu'à l'opposite : à mesure
qu'il descend, il s'épanouit et s'éfile. C'est à cet

appendice, qui entre dans l'intérieur de la jambe, que tiennent divers muscles, qui concourent à la fléchir, et qui font diversement courber l'ongle, comme on le verra ci-après.

» ATTITUDE. — L'attitude ordinaire des jambes antérieures est d'être un peu recourbées en dedans, de la manière exprimée dans la *Fig*. 8. On ne sauroit même, sans effort, les redresser entièrement, parceque les membranes souples, qui forment leurs articulations, ne s'étendent et ne prêtent pas naturellement jusques là ; à plus forte raison la chenille ne sauroit-elle courber ses jambes antérieures en arrière.

» LES JAMBES INTERMÉDIAIRES. — Pour ce qui est des quatre paires de jambes intermé-diaires, leur forme n'a aucun rapport avec celle des précédentes : elles sont incomparablement plus grosses que ces dernières ; elles sont plus courtes ; elles n'ont aucune articulation distincte ; elles ne se terminent pas en pointe, et elles n'ont rien d'écailleux sinon les crochets, qui forment une couronne autour de la plante du pied.

» FIGURE. — La figure, dont elles approchent le plus lorsqu'elles ont le pied ouvert, comme elles l'ont dans les *Fig.* 10 et 11, est celle d'un cône irrégulier, allongé, froncé, et tronqué à une petite distance de sa base, et dont le contour de la base formeroit une fausse ellipse, ou ovale, qui seroit plus large par un bout que par l'autre. Ce contour se remarque distinctement à la plante des pieds de cette chenille, quand elle est couchée à la renverse, comme il paroît par la *Fig.* 4 de la *Pl. I*, et l'on y voit que le bout le moins large de cet ovale est directement tourné vers la ligne inférieure.

» Les jambes intermédiaires de cette espèce de chenilles sont plus courtes, à proportion, que ne sont celles de la plupart des autres espèces ; ce n'est proprement qu'en AB *Fig.* 10 et 11 qu'elles commencent, et dans la *Fig.* 10, la partie ACB n'appartient point à la jambe, mais au corps de la chenille. Les différens plis, que l'on voit autour de la jambe, servent, en rentrant les uns dans les autres, non seulement à la raccourcir, mais encore à la fléchir diversement à droite, à gauche, en avant, et en arrière.

» PLANTE ; SA CRÊTE. — La partie la plus remarquable de cette jambe est l'inférieure, celle que j'ai appellée la *plante*. La chenille peut l'ouvrir et fermer comme elle le trouve à propos. Quand cette plante est ouverte, comme elle l'est dans la *Fig.* 11, et qu'on l'observe avec une forte loupe, on voit que sa peau, se dirigeant par plis, de tous les endroits de la circonférence de la plante vers son long diamètre, forme, sur ce diamètre, un enfoncement de la longueur environ des deux tiers de la plante ; mais, ce qu'on ne peut voir dans la figure, c'est qu'au bas de cet enfoncement la peau de la plante se réunit en double, et fait, au dedans de la jambe, un rebord en forme de *crête*, épais et ferme, auquel sont attachés, comme on le verra dans la suite, les muscles, qui servent à fermer la plante, en tirant à eux cette crête, et en faisant ainsi rentrer la peau qui y tient. La *Fig.* 12 est celle d'une *plante* ainsi fermée.

» Ses crochets. — Quand la plante est ouverte, les *crochets*, dont elle est environnée, paroissent à distances égales les uns des autres, et forment une couronne très proprement allignée tout à l'entour du pied ; ils sont alors dressés, et toutes leurs pointes recourbées sont tournées en dehors, et en situation de pouvoir s'accrocher et se tenir aux corps qui les environnent.

» Comment ils saisissent et lachent prise. — Si la chenille, après s'être ainsi cramponée, veut lâcher prise, et fixer sa jambe ailleurs, elle commence par faire rentrer la peau de la manière qu'il a été dit : à mesure que cette peau rentre, les crochets, qui y sont attachés, se renversent vers le long diamétre de la plante, et se décrochent ainsi ; ensuite, après avoir transporté la jambe ailleurs, elle ouvre la plante, et, par le mouvement que les crochets font, en se redressant, ils s'arrêtent de nouveau aux corps qu'ils rencontrent.

» Ils sont de deux grandeurs. — C'est apparemment pour saisir plus surement ces corps, que la couronne de chaque jambe est composée de deux ordres de *crochets* de grandeur différente, rangés alternativement de façon, qu'après un grand crochet suit un petit, et après un petit, suit un grand : ce qui n'est pourtant pas si constant, qu'il n'arrive, par-ci par-là, que deux grands crochets ou deux petits ne se suivent ; comme aussi chaque rang de crochets n'est pas composé de crochets si précisément de la même grandeur, qu'on n'y remarque, à des endroits, du plus et du moins ; mais, ce qu'il y a d'assez constant, c'est que, vers les extrémités du long diamètre de la plante, les deux rangs sont composés de crochets plus petits que par-tout ailleurs : cela paroissoit nécessaire pour que la plante pût se fermer plus aisément, et sans que les crochets, qui se trouvent alors aux extrémités du long diamètre, s'embarrassassent les uns dans les autres ; ce qui pourroit arriver, si les crochets y étoient plus longs qu'ils ne le sont.

» Leur figure. — La figure de ces crochets, et la manière dont ils sont arrêtés dans la peau, sont remarquables. De la façon dont ils paroissent dans *Malpighi, de Bombyce, pl.* 2, *fig.* 5, et dans M. *de Reaumur, tom. I, pl.* 3, *fig.* 5, on ne les prendroit que pour de simples filets crochus à l'un de leurs bouts, et droits à l'autre : cependant, ni ceux du *ver-à-soye*, dont traite *Malpighi*, ni ceux de la chenille, dont parle M. de *Reaumur*, et qu'il nomme *la chenille à oreilles du chêne et de l'orme*, ni ceux d'aucune autre espèce de chenille que j'ai examinée, n'ont eu une figure si simple ; je les ai constamment toujours trouvés crochus par les deux bouts : quelquefois même l'extrémité postérieure étoit beaucoup plus recourbée que l'antérieure, et c'est ce que l'on voit à la *chenille à oreilles de l'orme*, dont les crochets ont, de plus, ceci de particulier, que chacun est pourvu d'un ardillon dans sa courbure antérieure.

» Comment ils sont arrêtés. — Pour ce qui est des crochets de la *chenille du bois de saule*, qui sont des plus simples, ils sont faits comme les représentent les *Fig.* 14 et 15, où ils sont grossis environ 125 000 fois. La *Fig.* 14

est celle d'un des plus grands crochets, et la *Fig.* 15 celle d'un des plus petits de la même jambe. AB est leur partie antérieure ; elle a, en petit, la forme et la courbure d'une corne de bœuf. Leur partie postérieure est aussi recourbée ; elle n'avance pas tant que l'antérieure, et son extrémité est émoussée. Leur dos FDE, paroît tranchant ; assez souvent on voit, en **D**, sur ce tranchant, une petite éminence ; ils sont plus larges par les côtés que par devant : leur couleur est noirâtre : ils se rompent difficilement, et ils tiennent si fort à la jambe, qu'ils se rompent encore bien plutôt qu'on ne les en arrache : cependant, à examiner ces crochets, même avec une forte loupe, lors qu'ils sont rangés autour de la plante, on diroit qu'ils n'y sont simplement que collés par le dos, et que tout le reste en est détaché, comme on le voit dans les *Fig.* 10, 11, 12 et 16 ; mais ceci n'est qu'une fausse apparence, et, quand on sépare, de la jambe, quelques crochets avec les parties qui les environnent, et qu'on les observe au microscope, on voit qu'ils sont réellement environnés et couverts, par devant, d'une membrane transparente, mais très forte, qui, depuis B jusqu'en E, *Fig.* 14 et 15, embrasse toute la moitié antérieure de leur largeur, y est adhérente, et permet, par sa souplesse, aux crochets, de s'écarter et de se rapprocher les uns des autres ; on voit encore, que non seulement la partie antérieure AB du crochet, perce cette membrane et paroît en dehors ; mais qu'aussi son extrêmité opposée CE la perce pareillement, et se montre à découvert depuis E jusqu'à C ; ce qui fait que, pour arracher le crochet, il faudroit en même tems déchirer cette membrane. Ce n'est pas tout ; ces crochets tiennent encore, par derrière, à la peau même de la jambe, depuis F jusqu'en E, et l'éminence D, s'arrêtant de plus dans cette peau, semble porter un troisième obstacle aux efforts que l'on feroit pour arracher le crochet. On conçoit que, de cette façon, les crochets sont arrêtés, autour de la plante, par une force supérieure à leur propre dureté, et qu'il doit être plus facile de les rompre, que de les arracher ; aussi voit-on des chenilles, qu'on met plutôt en pièces que de leur faire lâcher ce qu'elles ont saisi de leurs crochets.

» La *Fig.* 13, qui représente quatre crochets avec un morceau de la membrane transparente, qui les couvre par devant, pourra éclaircir ce qu'on vient de lire sur la manière dont ils sont rangés et arrêtés dans la peau de la jambe.

» Leur nombre. — Quant au nombre des crochets, dont les jambes intermédiaires de notre chenille sont munies, il est considérable ; mais sans avoir rien de fixe. Il n'est pas même égal dans les deux jambes d'une même paire de la même chenille ; les jambes de différentes paires ne s'accordent pas mieux sur ce point ; il n'y a aucun ordre pour le plus et le moins entre les jambes ; et différentes chenilles, parvenues à leur dernière grandeur, varient entre elles à cet égard. C'est ce qu'on peut voir par les exemples ci-dessous, pris de quatre grandes chenilles, dont j'ai exactement compté le nombre des crochets de chaque jambe intermédiaire, à la réserve de celles qui ne sont pas marquées, parceque des accidens m'ont mis hors d'état d'en pouvoir compter les crochets.

PREMIÈRE CHENILLE.

Jambes interméd.		Gauches.		Droites.
1re Paire	—	96	—	92
2e Paire	—	90	—	91
3e Paire	—	84	—	87
4e Paire	—	86	—	..

DEUXIÈME CHENILLE.

1re Paire	—	82	—	85
2e Paire	—	92	—	87
3e Paire	—	84	—	88
4e Paire	—	..	—	83

TROISIÈME CHENILLE.

1re Paire	—	..	—	75
2e Paire	—	77	—	80
3e Paire	—	77	—	71
4e Paire	—	72	—	73

QUATRIÈME CHENILLE.

1re Paire	—	76	—	80
2e Paire	—	78	—	80
3e Paire	—	73	—	76
4e Paire	—	71	—	70

» Ce n'est pas tout : la même chenille n'a pas à tout âge le même nombre de crochets.

Quand elles sont devenues grandes, elles en ont beaucoup davantage que quand elles sont encore petites. J'ai vu, de ces dernières, n'en avoir que 56 à celles des jambes intermédiaires où il y en avoit le plus, et 53 à celles où il y en avoit le moins ; encore étoient-ce des chenilles, qui paroissoient avoir déja mué deux fois ou davantage, et qui, vraisemblablement, en avoient eu moins à leur première mue.

» Les jambes postérieures. — Les jambes postérieures ont tant de raport avec les inter‑médiaires, que ce qui a été dit de celles-ci leur étant en grande partie applicable, il suffira, pour les faire connoître, de marquer ce en quoi elles diffèrent des intermédiaires.

» Cette différence consiste principalement en ce que les jambes postérieures sont beaucoup plus près l'une de l'autre que les antérieures, et même si près, que souvent elles se touchent ; qu'elles sont plus larges vers la plante qu'à leur origine ; qu'elles n'ont qu'une demi couronne de crochets, et que les crochets en sont plus grands que ceux des jambes intermédiaires.

11*

» LEURS CROCHETS. — La demi couronne en est placée sur le bord antérieur de la plante. Les crochets en sont alternativement grands et petits comme ceux des intermédiaires. Ils diminuent tous ensemble de volume, à mesure qu'ils sont plus près des deux extrêmités de la demi couronne, et ils agissent par un mécanisme semblable à celui des huit jambes qui les précèdent.

» La *Fig.* 16 suffit pour donner une idée de la forme et de la disposition des deux jambes postérieures. Elles y sont représentées chacune dans une action différente. Dans la jambe A, les crochets sont dressés pour accrocher, et dans la jambe B, ils sont renversés pour lâcher prise.

» NOMBRE DES CROCHETS. — Le nombre des crochets des jambes postérieures n'est pas fixe ; mais, comme ils ne font qu'un demi tour, il est beaucoup inférieur à celui des jambes intermédiaires ; j'en ai compté 34 à chacune des postérieures de la première des quatre chenilles, dont nous avons marqué le nombre des crochets des jambes intermédiaires : j'en ai trouvé 27 à la jambe gauche, et 30 à la jambe droite de la seconde de ces chenilles : 29 à la gauche, et 28 à la droite de la troisième ; 35 à chacune des jambes postérieures de la quatrième : et la petite chenille, dont j'ai fait mention, n'en avoit que 14 à chacune de ces jambes. »

Le naturaliste de Genève avait bien raison, aucun ouvrage ne peut mieux prouver l'existence d'un Dieu que celui de l'immortel Lyonet ; en effet, n'acquiert-on pas, à chaque page, de nouvelles preuves de sa puissance ? N'est-ce pas encore un prodige d'avoir organisé les pattes d'une chétive chenille avec tant d'art ?

« L'ANUS ; SA VALVULE. — Immédiatement au dessus des jambes postérieures se trouve l'*anus*, qui, bien qu'il soit la plus grande des ouvertures, dont la peau de la chenille est percée, ne paroît point du tout en dehors, sinon lors que cet insecte vuide ses excrèmens. Dans tout autre tems, il est couvert d'une *valvule* triangulaire, qui termine l'extrêmité du dernier anneau, et avance un peu par delà la dernière paire de jambes. Cette valvule est marquée A, dans la *Fig.* 7, qui représente le bout du corps de la chenille, un peu grossi et vu à plomb, avec ses deux jambes postérieures. Elle est de la même consistance que le reste de la peau de l'Insecte, moins rouge que le dessus de son corps, et plus rouge que le dessous.

» Quand la chenille se vuide, la valvule s'élève, et l'on voit paroître l'Anus, qui, quand il est tout ouvert, a bien cinq quarts de ligne de diamétre. En toute autre circonstance, il est entiérement caché, et, dans une chenille vivante, on a beau soulever la valvule qui le couvre, on ne le découvre pas plus que s'il n'y en avoit point. »

Admirons ici jusqu'à cette petite valvule triangulaire qui se lève toutes les fois que la chenille se débarrasse de ses excréments !

IDÉE GÉNÉRALE

DES

CHAPITRES IV, VII, VIII, IX, X, XIV ET XVII

DE L'OUVRAGE DE LYONET (1).

CHAPITRE IV.

Des parties extérieures de la tête de la chenille, vues à la loupe et au microscope, et de quelques parties solides que la tête renferme.

Dans ce chapitre, Lyonet décrit, avec son exactitude ordinaire, toutes les parties que l'on peut apercevoir à l'extérieur de la tête de la chenille ; il a trouvé que cet extérieur était formé de neuf pièces principales, savoir :

1° — L'écaille frontale, qui est étroitement

(1) Comme il se pourrait que les parties du traité de Lyonet, que nous avons reproduites jusqu'ici, n'eussent

unie par les côtés, aux écailles pariétales ; par le sommet, à la peau du cou, qui paraît tenir un peu de l'écaille, à l'endroit de leur jonction ; et par la base, à la lèvre supérieure ;

2° — La lèvre supérieure, qui est composée de deux parties principales ; l'une antérieure, qui est écailleuse en dessus ; l'autre postérieure, qui est toute membraneuse : cette dernière tient à la base de l'écaille frontale ;

3° et 4° — Les deux écailles pariétales qui sont les premières en rang, de celles qu'on voit à la tête, soit qu'on la regarde en-dessus, soit en-dessous, sont aussi les plus grandes de toutes ces parties ; elles forment, par leur réunion avec l'écaille frontale, une

pas fait encore assez comprendre (malgré les notes et les réflexions que nous avons ajoutées) toute l'importance du travail de ce célèbre anatomiste ; nous avons cru devoir donner une idée succincte de divers chapitres qui ont été retranchés ; parce que, bien que plusieurs aient été signalés, par Lyonet même, comme étant ennuyeux à lire, ils n'en sont pas moins ceux dans lesquels il a développé le plus de talent.

espèce de casque, qui s'appelle le crâne de la chenille et qui embrasse tout le dessus de la tête et une partie du dessous ;

5° et 6° — Les antennes sont placées dans la courbure échancrée du bord de la partie antérieure des écailles pariétales, un peu devant les yeux et derrière les mâchoires ;

7° et 8° — Les mâchoires sont pareilles, noires, écailleuses, et beaucoup plus dures que les autres parties écailleuses de la chenille ; elles sont placées entre la lèvre supérieure et la lèvre inférieure ;

9° — La lèvre inférieure est la plus composée de toutes les parties qui forment l'extérieur de la tête, et la plus grande après les écailles pariétales. On y distingue cinq parties principales, toujours visibles, savoir : la base de la lèvre inférieure, la lèvre même, les gros barbillons, et la filière ; et une sixième qui n'est visible que lorsque la chenille écarte les mâchoires, on la nomme la langue.

CHAPITRE VII.

Des muscles du corps, tels qu'ils paraissent successivement lorsqu'on anatomise une chenille ouverte par le ventre.

Dans ce chapitre, notre auteur a donné des preuves d'une patience et d'une dextérité sans exemple jusqu'à lui. Il a distingué d'abord trois ordres de muscles :

Le premier comprend ceux qui se trouvent au dos de l'insecte, et qui ont leurs insertions entre la ligne supérieure (1) et les

(1) Pour faciliter l'intelligence de ses planches, Lyonet a divisé la chenille en lignes idéales ; d'abord, en douze lignes transversales, sans y comprendre la tête ; il donne à ces divisions le nom d'anneaux ; ensuite il la divise en huit lignes longitudinales : il nomme ligne supérieure, celle qui marque la partie la plus élevée du dos ; ligne inférieure, celle qui est directement à l'opposite de la ligne supérieure. Il donne le nom de lignes latérales, à deux lignes qui sont placées de chaque côté de la chenille et à distances égales des lignes supérieure et inférieure ; et les quatre lignes intermédiaires supérieures et inférieures sont nommées : les deux, placées entre la ligne supérieure et les lignes latérales, lignes intermédiaires supérieures ; et les deux, placées entre les lignes latérales et la ligne inférieure, lignes intermédiaires inférieures.

lignes latérales ; Lyonet les nomme muscles dorsaux ;

Le second comprend ceux qui sont placés au ventre, et qui ont leurs insertions entre la ligne inférieure et les lignes latérales ; il les nomme muscles gastriques ;

Le troisième est composé de ceux qui croisent la ligne latérale, ayant l'une de leurs insertions d'un côté de cette ligne et l'autre de l'autre côté ; Lyonet les nomme, en général, muscles latéraux ; sans qu'il ait égard aux endroits de leurs attaches. Cette division faite, il a décrit, avec les plus grands détails, tous les muscles qui font partie de ces trois ordres, à l'exception des muscles gastriques qu'il a réservés pour le chapitre suivant. On pourra se faire une idée du travail de ce savant, quand on saura qu'il a non-seulement décrit tous ces muscles ; mais encore qu'il a donné leur étendue, leur largeur, leurs insertions et leur direction.

CHAPITRE VIII.

**Des muscles du corps, tels qu'ils paraissent succes-
sivement lorsqu'on anatomise une chenille ouverte
par le dos.**

Le travail que Lyonet a fait dans ce
chapitre est plus inconcevable que celui du
chapitre précédent ; parce qu'il y décrit
encore un plus grand nombre de muscles.
Nous donnons ici textuellement les réflexions qu'il fait en le terminant :

« Ce qui a été dit jusqu'ici suffira, je m'assure,
» pour donner une connaissance assez détaillée
» des muscles qui exécutent les mouvemens
» extérieurs et volontaires du corps de la che-
» nille ; je dis du corps de la chenille, parcequ'il
» n'a point encore été parlé de ceux de la tête,
» dont on réserve l'exposition pour un autre
» endroit ; et je dis des mouvemens extérieurs et
» volontaires, parcequ'il n'a point encore aussi
» été fait mention d'un très grand nombre

» d'autres muscles, répandus sur les parties
» intérieures, qui exécutent les mouvemens in-
» volontaires et naturels de cet insecte, et qui
» seront aussi décrits en leur lieu.

» On n'exigera pas, j'espère de moi, qu'ayant
» fait connaître tant de muscles, j'aille encore
» expliquer au long les mouvemens variés à
» l'infini, qui peuvent résulter de la diversité
» de leurs directions et de leurs efforts, suivant
» le nombre plus ou moins grand de ceux qui
» agissent tous à la fois, ou successivement.
» Il suffit d'avoir la plus légère teinture des
» règles du mouvement composé, pour s'en
» faire une idée, et ce serait sortir des bornes
» d'un traité anatomique que d'entrer dans ce
» détail.

» Mais ce qu'apparemment on souhaitera
» plutôt de savoir, c'est à quoi monte le nombre
» de ces muscles, et c'est sur quoi il est aisé de
» se satisfaire. Nous avons vu que le nombre
» des muscles dorsaux, qui ont été démontrés,
» allait à. 217
» celui des latéraux à. 154

» ce qui fait, pour les muscles d'un côté
   » de la chenille, qui ont été décrits.. 803

» à quoi, si l'on ajoute encore les 12 petits
» muscles du second anneau, et les 8 autres
» du troisième, qui n'ont point été décrits, et
» dont il a été simplement fait mention au
» chapitre précédent, on aura, pour tous les
» muscles d'un côté de la chenille, 823. Or,
» comme il doit y avoir ce même nombre de
» muscles, ou environ, à l'autre côté de notre
» insecte, en doublant 823, on aura 1646,
» qui, avec le solitaire, de la subdivision du
» dernier anneau, font 1647 muscles pour les
» deux côtés de la chenille ; nombre, qui, sans
» compter ceux qui, comme j'ai dit, sont encore
» répandus dans les parties intérieures, et dans
» la tête, est déjà si considérable, qu'il ne
» pourra qu'étonner ceux qui savent qu'on ne
» fait ordinairement monter tous les muscles

» de l'homme qu'à 529, et qu'il y en a même
» qui les fixent à beaucoup moins. »

CHAPITRES IX ET X.

**Des nerfs, des trachées principales et des bronches
(trachées) de la chenille.**

Ces chapitres sont ceux que Lyonet a
spécialement désignés comme étant fort ennuyeux à lire et comme pouvant être retranchés; ce sont cependant ceux qui ont
dû lui donner le plus de peine, soit pour
la rédaction du texte, soit pour l'exécution
des figures. On comprend encore qu'un
homme, animé par le vif désir de faire
faire des progrès à une science à laquelle
il s'est livré avec ardeur, puisse avoir assez
de persévérance et d'adresse pour exécuter
les travaux dont nous avons parlé dans le
sommaire des chapitres précédents ; mais
le travail que cet auteur infatigable a fait
sur les nerfs et notamment sur les bronches,
surpasse toute croyance; nous ne le conce-

vons, qu'en admettant, chez cet homme étonnant, une organisation toute spéciale pour ces sortes d'opérations anatomiques. Le lecteur, nous n'en doutons nullement, partagera notre surprise et notre admiration, quand il apprendra que Lyonet a fait, pour les trachées et pour les nerfs (qui sont infiniment plus nombreux que les muscles, et, à raison de leur finesse, beaucoup plus difficiles à suivre dans leurs innombrables ramifications), le même travail que sur ces mêmes muscles; qu'il a décrit et dessiné les ramifications les plus déliées, et qu'il a signalé, avec les plus grands soins, les parties dans lesquelles elles se rendaient.

CHAPITRE XIV.

De l'œsophage, du ventricule, des intestins et du sac fœcal.

Ce curieux chapitre a dû demander aussi bien du temps à Lyonet; puisqu'il est parvenu à compter sur ces seules parties 2186 muscles, ce qui fait quatre fois autant de muscles qu'il y en a chez l'homme. On peut trouver dans le chapitre qui traite des parties intérieures de la chenille, les noms et le nombre de tous ces muscles, et la description abrégée des organes décrits dans ce chapitre XIV.

CHAPITRE XVII.

Des parties intérieures de la tête (1).

Lyonet avoue que « Cet article est celui,
» de tout ce traité, qu'il a trouvé le plus
» difficile à suivre et à développer, tant
» à cause de la multitude des objets que
» la tête contient, qu'à cause de l'assem-
» blage écailleux qui les renferme et qu'il
» est mal aisé d'en emporter sans qu'il
» arrive du dérangement dans l'intérieur. »

Le lecteur connaît déjà les parties extérieures de la tête de la chenille, par la

(1) Voir la pl. V fig. 1, et la pl. VI fig. 1.

description que nous en avons faite dans le sommaire du chapitre IV ; il a déjà vu, en lisant le résumé que nous avons donné page 40, que la tête de la chenille renfermait le nombre incroyable de 228 muscles. Eh bien ! c'est ce nombre prodigieux de muscles, contenus dans une aussi petite partie qu'une tête de chenille, que Lyonet est parvenu à décrire dans ce chapitre ; il a décrit avec le même soin les bronches, les nerfs, la filière et les yeux qu'il a trouvés au nombre de six de chaque côté. Ainsi ne nous étonnons pas que Lyonet se plaigne de la difficulté qu'il a rencontrée pour faire l'anatomie de cette partie de la chenille.

Bien que nous craignions de fatiguer l'attention de certains lecteurs, nous ne pouvons résister au désir de leur faire connaître les dernières pages de Lyonet ; car elles sont d'autant plus intéressantes qu'elles renferment quelques observations importantes sur la transformation des chenilles en papillons, sur l'incroyable quantité d'yeux que le papillon possède et sur l'organisation des mâles et des femelles.

Voici ces dernières pages du traité de Lyonet :

« La quantité surprenante de parties, que
» l'on a eu occasion de suivre dans cet ouvrage,
» aura, je m'assure, frappé d'étonnement les
» lecteurs ; sur-tout ceux qui connoissent la
» structure intérieure du corps humain, et qui
» ont pris la peine d'examiner ce qui a été
» publié jusqu'ici de celle des chenilles, dans les
» traités qui en parlent : et cela d'autant plus,
» qu'à en juger par les figures de ces traités,
» la chenille ne paroît être qu'un animal presque
» informe, ou du moins d'une composition beau-
» coup plus simple et moins finie, que n'est
» celle de l'homme. Cependant, quand on fait
» attention, que non-seulement ces insectes
» ont des facultés corporelles, semblables aux
» nôtres, et un plus grand nombre de membres ;
» mais qu'encore leur forme extérieure subit

» une double transformation, cette réflexion
» seule suffiroit pour faire comprendre, que ces
» animaux doivent renfermer un mechanisme
» plus composé que le nôtre, et que, si on le
» trouve représenté comme plus simple, dans
» les ouvrages des naturalistes, ce n'est que
» parcequ'ils n'ont pas pris la peine d'en suivre
» les détails, ou que leurs dessinateurs les ont
» mal servis. Mais quel mechanisme surprenant
» ne doit pas renfermer un animal, dont la
» structure intérieure ne change pas moins du
» tout au tout que l'extérieure? C'est encore
» le cas de notre insecte. Devenu phalène, on
» n'y trouve presque plus aucune trace de ce
» qu'il étoit dans son état de chenille. Ce nombre
» prodigieux de muscles, répandus dans tout
» son corps, et arrangés avec tant d'ordre, a
» disparu dans la phalène, pour faire place à
» des muscles d'une forme et d'une structure
» entièrement différente. Il n'y reste plus que
» quelques débris grossiers de l'œsophage, du
» ventricule, des intestins, et des vaisseaux
» soyeux et dissolvans. L'économie du cœur y

» est entièrement changée, de même que celle
» des nerfs, dont neuf ganglions ont disparu.
» Les bronches n'ont plus qu'une seule tunique.
» La plupart ont perdu leur usage, et ne tiennent
» à rien. En la place de tout cela, l'on trouve
» une tête entièrement nouvelle, à tous égards
» différente de celle de la chenille, et pourvue
» de plus de vingt et deux mille yeux, dont
» chaque œuil est probablement un télescope
» à trois lentilles pour le moins. Un corcelet,
» dont la charpente écailleuse, intérieure et
» extérieure, forme un assemblage très composé
» de pièces d'une structure fort singulière, au-
» quel tiennent des muscles aussi singuliers,
» qui font agir des jambes, bien différentes des
» premières, et des ailes d'une composition
» admirable. Un corps, qui renferme, dans les
» femelles, un uterus, un ovaire, rempli de
» quelques centaines d'œufs, des vaisseaux,
» dont le suc rend les œufs gluans, et un ins-
» trument artistement composé, et très agile
» pour pondre les œufs. Dans le corps des mâles,
» on ne voit rien de pareil; mais en la place

» on y trouve les parties propres à la géné-
» ration, et à l'accouplement. Et qu'a-t-on
» vu dans cet ouvrage, tout détaillé qu'il est,
» qui indique tant de nouvelles parties, après
» la dissolution des premières ? Presque rien du
» tout. Un examen circonstancié de ces nou-
» velles productions dans la phalène, qui nait
» de notre chenille, et du changement progressif
» qu'elle subit en passant d'un état à l'autre, est
» certainement digne de toute notre attention.
» J'ai déjà fait nombre de recherches sur cet
» article, dont le détail comprend des dessins
» pour bien encore dix-huit planches, auxquelles
» il n'y en aura plus peut-être que deux ou
» trois à ajouter, pour le finir. J'espère, s'il
» plaît à Dieu, le publier un jour comme une
» suite de ce traité anatomique de la che-
» nille » (1).

(1) Les Observations anatomiques de Lyonet, sur la chrysalide et le papillon du bois du saule, n'ont été publiées qu'en 1832 : ce savant travail fait partie des deux volumes in-4° publiés par M. Hahn.

FIN.

LES YEUX COMPOSÉS

DES INSECTES EN GÉNÉRAL

ET PARTICULIÈREMENT

CEUX DES PAPILLONS (1).

———

> Les insectes n'ont peut-être aucune partie
> aussi propre à nous faire voir avec quel
> prodigieux appareil la nature les a formés,
> et à nous montrer en général, combien
> elle a produit de merveilles qui nous
> échappent.
>
> RÉAUMUR.

Notre savant Réaumur, en écrivant ce passage, énonçait une bien grande vérité ; car les yeux composés des insectes sont une des merveilles de la création. Toute

(1) Les yeux composés, étant, probablement, à l'état de germe dans la chenille, nous avons dû placer, à la suite de notre Abrégé, ce que nous avons pu recueillir de plus positif sur ces organes extraordinaires.

personne qui a cherché à se rendre compte de la théorie de la vision, n'a pu s'empêcher d'admirer l'organisation des yeux de l'homme et celle de la plupart des animaux ; mais si le lecteur veut bien prêter toute son attention à ce que nous allons dire des yeux composés des insectes, il sera à même de se convaincre, que le sublime auteur de la nature a montré une puissance infiniment supérieure en formant ces organes.

Si les curieuses observations que nous désirons populariser, n'avaient pas été confirmées par des hommes tels que : Malpighi, Hook, Leuwenhoek, Réaumur, Strauss, Marcel de Serres, Cuvier, Müller, Latreille, etc., on ne pourrait y ajouter foi, tant elles sont surprenantes.

Nous allons décrire (suivant l'opinion la plus probable) la structure de ces yeux composés, la théorie de la vision, le nombre d'yeux que l'on a pu compter sur certains insectes, et leur grosseur comparée à celle de l'insecte; ensuite nous nous réservons de faire quelques réflexions; afin que rien ne soit oublié de toutes ces merveilles.

1° *Structure des yeux composés* (1).

Les yeux composés offrent : 1° une cornée à facettes hexagonales, chez les insectes ; 2° des cônes transparents, représentant le corps vitré, et enveloppés de pigmentum ; et 3° pour chaque cône, un filament nerveux venant du bulbe du nerf optique.

L'ensemble de ces filaments constitue ce qu'on peut nommer la rétine. Dans les yeux composés des insectes, chaque facette de la cornée est une lentille bi-convexe chez les hyménoptères et les lépidoptères, et plani-convexe chez les insectes à métamorphose incomplète (hémiptères et orthoptères) : chez les orthoptères, l'épaisseur de la cornée est très-considérable.

(1) Voyez la pl. V, fig. 4 et 5 et les explications.

Ce sont les cônes transparents représentant le corps vitré, qui ont été le plus mal connus. Le célèbre observateur Müller, qui nous sert de guide en ce moment, a trouvé que ces cônes existent dans tous les yeux composés. Leur tissu est bien distinct de celui du nerf optique qui les traverse. Leur forme suit assez celle des facettes de la cornée. Une fibre du nerf optique pénètre par la pointe de chaque cône ; le pigmentum qui revêt le cône se continue aussi sur le nerf et l'isole de ses voisins. Le nombre des filaments nerveux, des cônes, et des facettes de la cornée est toujours égal.

Il y a un pigmentum extérieur, qu'on aperçoit sous la cornée et qui donne la couleur à l'œil ; il varie suivant les espèces et même suivant les individus ; ordinairement il affecte la couleur des téguments communs.

2° *De la vision par les yeux composés.*

L'essentiel dans cette vision est : que la lumière émise par certains points des objets extérieurs soit isolée, et que son action soit bornée à certains points de la rétine ; il suffit qu'un point donné de la rétine ne puisse recevoir la lumière que d'un point donné du dehors, en même temps que cette lumère est exclue de tout le reste de la rétine. Cet effet est produit par les cônes transparents, situés entre les fibres du nerf optique et les facettes de la cornée, en connexion avec les unes et les autres et revêtues d'un pigmentum ; chacun de ces cônes enveloppant une masse nerveuse convexe, ne transmet à son filament nerveux que la lumière qui coïncide directement avec son axe. Tout le reste de la lumière, venant du même point extérieur, mais tombant obliquement sur la cornée, n'atteindra pas l'extrémité pointue du cône, et sera absorbée par le pigmentum environnant, avant de pouvoir être perçue. Toutes les images partielles se réunissent en une seule, commune et continue, dans le bulbe du nerf optique. L'intensité de la vue dépend de la longueur et du grand nombre de cônes dans un espace donné et non de la grandeur de l'œil. La convexité des facettes de la cornée ne peut servir qu'à faire converger vers l'axe du cône correspondant la lumière divergente, qui vient frapper ces facettes, mais à elle seule, elle ne saurait donner lieu à la production d'images partielles. Plus la couleur du pigmentum sera foncée, plus aussi l'impression de la lumière, qui arrive obliquement, sera affaiblie, et plus la vision deviendra distincte.

L'étendue du champ visuel est en raison directe, non de la grandeur absolue, mais de la forme plus ou moins convexe du segment de sphère qui constitue l'œil composé ; les mouvements des insectes sont d'autant plus étendus et plus assurés que leur champ visuel est grand ; les névroptères sont au premier rang ; il faut ranger après eux le genre *holomma* parmi les orthoptères, les lépidoptères diurnes, les hespéries, les bombyx, les sphinx, les hydromètres, les ranatres, les genres carabus, cychrus, calosoma, brachynus, necydalis, lema, lampyris, apate, etc. ; les hyménoptères n'ont qu'un champ visuel peu étendu, il en est de même de plusieurs coléoptères (cerambyx, lamia, etc.) et de la plupart des orthoptères.

3° Du nombre d'yeux que l'on a pu compter sur certains insectes, et de leur grosseur comparée à celle de l'insecte.

Une des choses les plus curieuses à observer dans les yeux composés des insectes, c'est le nombre d'yeux simples qui se trouvent réunis sur une cornée. M. Leuwenhoek a calculé qu'il y en avait environ 3181 sur une cornée d'un scarabé ; qu'il y en a plus de 8 000 sur celle d'une mouche ; et M. Puget en a compté 17 325 sur chaque cornée d'un papillon : pour deux yeux 34 650 (1) ; car les curieuses observations que ce dernier a faites, jointes à celles de M. Leuwenhoek, confirment tout-à-fait l'idée qu'avait eue M. Malpighi qui, ayant observé les différents segments qui partagent la cornée des insectes, avait regardé chacun de ces petits segments comme autant d'yeux. On en compte 25 088 dans la mordella, 11 300 dans la phalæna cossus ; mais on n'en compte que 1 300 dans le sphinx convolvuli, et 50 seulement dans les fourmis.

(1) Ah ! nous en faisons l'aveu sincère, si une pareille découverte n'était confirmée que par quelques naturalistes, nous craindrions que quelqu'illusion d'optique ne les eût induits en erreur ; mais les observations nombreuses et identiques, sur cet important sujet, doivent dissiper toute espèce de doute qui pourrait s'élever dans les esprits les plus sceptiques.

Voici quelques aperçus pour faire connaître le volume de ces yeux, comparé à la grosseur de l'insecte : dans la musca vomitoria, le volume du corps est à celui des yeux dans la proportion de quatre à un ; mais la proportion ordinaire est de six, huit, dix, ou seize à un, et jamais le volume des yeux ne descend au-dessous d'un à soixante et un (phasma roscia).

Nous pensons que tous ces détails pourraient suffire pour donner une idée de la libéralité de la nature envers les insectes ; mais pour tâcher de compléter, autant que possible, une étude aussi importante que celle de la vision chez ces petits êtres, nous ajouterons, à ce que nous avons dit plus haut, que Leuwenhoek, Puget et l'abbé Catalan, ont détaché les cornées de divers insectes, de mouches, de papillons, de scarabés, de sauterelles : ils en ont tiré avec adresse toute la matière qui y était renfermée ; ils se sont servis pour cela d'un pinceau fin qu'ils faisaient entrer mouillé dans la cornée. Quand ils en avaient ôté tout ce qui y était contenu de plus grossier, ils balayaient sa surface intérieure avec le même pinceau mouillé ; ainsi peu à peu ils parvenaient à rendre la cornée bien nette ; alors elle était extrêmement transparente. Ils ont mis et tenu cette cornée au foyer d'un microscope, qu'ils ont dirigé ensuite vers quelqu'objet, de manière que les rayons qu'il envoyait à leurs yeux, passaient par cette cornée et par la lentille du microscope.

Il faut lire dans M. Puget même la description du spectacle qu'il se donnait, et qu'il donnait à tous ceux qui voulaient avec lui admirer la nature. La cornée, pointée vis-à-vis d'un seul soldat, faisait voir une armée de pygmées ; pointée vers les arches d'un pont, elle montrait une quantité de rangs d'arches, les unes au-dessus des autres, qui surpassait de beaucoup tout ce qui a jamais été entrepris de plus grand pour

la conduite des eaux ; la lumière d'une bou-
gie se multipliait prodigieusement. Jamais
on n'aura de verres à facettes qui multiplient autant les objets, que ces cornées ;
elles les font paraître extrêmement dimi-
nués de grandeur, comme il arrive à ceux
qui vus au travers de verres convexes se
trouvent beaucoup au-delà du foyer de celui
qui en est le plus proche.

Quoique nous regardions les objets avec
deux yeux, nous les voyons toujours
simples ; et de là il est aisé de concevoir
qu'ils pourraient de même paraître simples
à des insectes qui les regarderaient avec
des milliers d'yeux.

Mais à quoi, dira-t-on, peuvent leur
servir tant d'yeux ?

C'est, sans doute, pour les mettre en
état de se procurer leurs besoins, et d'éviter
une partie des dangers auxquels ils sont
exposés. La nature a tellement prodigué le
travail dans la construction des insectes,

que nous ne devrions pas tant nous étonner de cette multiplicité d'yeux : différentes grosseurs d'yeux accordées au même insecte, les différentes places qu'occupent les uns et les autres, ne nous conduisent-elles pas à soupçonner avec quelque vraisemblance que la nature a favorisé ces petits animaux d'yeux simples et composés, afin qu'ils en eussent de propres à divers usages ? Qu'elle leur en a donné pour voir les objets qui sont près d'eux, qu'elle les a, pour ainsi dire, pourvus de télescopes et de microscopes ?

Les yeux composés, comme on vient de le voir, prouvent avec la plus grande évidence, la sagesse et la puissance sans bornes du créateur. Lorsqu'on examine la structure de l'œil de l'homme et de la plupart des animaux, ce spectacle nous remplit d'admiration : la réunion des différentes parties qui constituent ces yeux, nous surprend, nous étonne ; quelle ne doit donc pas être

notre surprise, lorsqu'en observant les yeux
composés des insectes, nous découvrons
à-peu-près les mêmes parties dans chacun,
et que sous un volume infiniment moindre,
nous trouvons jusqu'à 34650 facettes dans
les deux yeux d'un papillon ; si nous ajoutons
34650 filets de nerfs qui se rendent à chaque
facette avec autant de cônes transparents,
nous obtenons un chiffre incroyable de
103950 objets que des savants sont par-
venus à observer dans les deux yeux d'un
insecte, sans y comprendre les nombreux
filets de trachées, et les muscles qui s'y
rendent ! Quelle grandeur de sagesse et de
puissance dans cet amas de parties, toutes
également parfaites, et réunies avec tant
d'ordre dans un si petit espace !

Si l'on ne remarquait cet ordre que dans
certains organes des insectes, on serait,
en quelque façon, excusable de n'en pas
attribuer la cause à un être tout puissant :
mais cet ordre n'est-il pas universel et

invariable? Ne le remarque-t-on pas constamment dans tous les objets créés?

Ne doit-on pas conclure de ces réflexions, qu'il serait impossible, sans la croyance d'un Dieu créateur de toutes choses, de concevoir tous les merveilleux phénomènes que la nature dévoile à nos regards étonnés.

Si nous n'avons pas encore atteint notre but, qui était de populariser le beau traité de Lyonet, et surtout de prouver que le papillon est une des plus admirables merveilles de la création; nous espérons que nos lecteurs conserveront toujours, gravée dans leur mémoire, la sublime organisation de la chenille; et qu'ils se rappelleront toujours avec surprise, que ce chétif insecte, plus souvent l'objet de notre dégoût que celui de notre attention, est composé,

pour le moins, de 20 à 25 000 parties,
sans y comprendre les 105 950 parties qui
constituent les yeux des papillons (1).

(1) Le lecteur doit s'apercevoir que nous ne comprenons
pas, dans cette énumération, une foule de trachées qui
ne peuvent se voir que confusément, même avec un excellent microscope, ni environ 24 000 petites attaches
qui servent à lier l'un à l'autre les muscles transversaux
du troisième gros intestin, ni enfin plusieurs organes
qui, ainsi que les yeux composés, ne sont pas encore
développés dans la chenille (*).

(*) Des naturalistes distingués ont prouvé, par de belles expériences, que
la chenille contient, sous différentes enveloppes, la nymphe ou chrysalide
qui, elle-même renferme tous les organes du papillon.

LES OEUFS DES INSECTES.

C'est un fait bien digne d'admiration,
que des œufs si petits et si nus soient
en état de braver, pendant tout l'hiver, les
rigueurs excessives du froid et de l'humidité, sans que le germe vital qu'ils recèlent
en reçoive aucune atteinte.

LÉON DUFOUR.

Voici encore un article qui servira à démontrer combien est grande la sollicitude de l'auteur de la nature pour cette classe d'êtres privilégiés (1). Les œufs des insectes,

(1) Quand nous disons que Dieu a favorisé les insectes, nous ne prétendons pas qu'il ait négligé de donner aux autres animaux les organes qui leur sont utiles ; mais nous voulons seulement faire comprendre que, chez les insectes, les organes présentent une foule de modifications que l'on ne rencontre pas dans ceux des autres classes d'animaux qui, cependant, sont placés sur des degrés plus élevés de l'échelle organique.

si négligés, si peu observés, même par des personnes qui ont des notions assez étendues sur l'histoire naturelle, nous offrent une foule d'exemples des soins tout particuliers que Dieu a pris pour les faire éclore ; c'est surtout en comparant les œufs des reptiles, des quadrupèdes ovipares et des oiseaux, avec ceux des insectes, que nous pourrons acquérir les preuves de cette sollicitude toute maternelle.

Les œufs des animaux qui appartiennent à ces classes des vertébrés, ont une forme peu variée, et ils ne diffèrent entre eux que par leur grosseur, leur couleur et leur consistance ; mais les œufs des insectes présentent de grandes variétés à leur extérieur, lorsqu'on les considère avec une scrupuleuse attention.

Ces œufs sont généralement ronds ou ovales, toutes les fois qu'ils doivent simplement être placés les uns près des autres, ou être fixés avec cette espèce de colle dont la nature a pourvu certains insectes (1) ; mais chaque fois que ces œufs ont dû être déposés dans un lieu, ou placés dans une position qui nécessitât une forme particulière, la sage prévoyance du sublime auteur n'a pas fait défaut : les œufs alors ont présenté de nombreuses variétés de forme, et, sous ce rapport, les lépidoptères, les hémiptères et les diptères se distinguent d'une manière toute spéciale ; chez les coléoptères, ils sont généralement ovoïdes.

(1) Un naturaliste très-distingué (M. Léon Dufour), nomme glande sébifique de l'oviducte, le petit appareil sécréteur qui fait partie de l'organe génital femelle de tous les insectes ovipares en général, et qui est toujours implanté sur le trajet du canal éducateur des œufs ; ce savant lui attribue, avec Swammerdam, la fonction de sécréter une humeur sébacée spéciale, destinée, lors de la ponte, à enduire les œufs d'un vernis qui en durcit la coque et les prémunit ainsi contre les outrages du temps. Il remarque à ce sujet que, dans les pucerons qui sont vivipares, et chez lesquels, par conséquent, un appareil organique propre à sécréter un vernis pour les œufs eût été superflu, la glande sébifique manque absolument. Cette dernière remarque nous fait voir, encore une fois, que la nature agit toujours conséquemment.

Comme nous ne voudrions avancer aucune observation sans qu'elle fût appuyée de preuves irréfragables, nous désignerons les insectes qui produisent chaque œuf que nous décrirons, afin que les personnes qui voudraient s'assurer, par elles-mêmes, de l'exactitude de ces observations pussent le faire.

Nous placerons en première ligne, ceux de la mouche stercoraire (genre scatophage); ces œufs sont blancs et oblongs, mais à un de leurs bouts, ils ont deux ailerons qui s'écartent l'un de l'autre comme deux petites cornes. Ils prennent naissance entre l'extrémité supérieure et le milieu: ces deux ailerons paraissent faits de la même membrane qui forme l'enveloppe de l'œuf; et ils ne semblent pas faits pour contenir aucune portion de la substance nécessaire à la nourriture de l'embryon. La première fois que l'on remarque ces œufs attentivement, cette question se présente à l'esprit: Dans quel but deux ailerons ont-ils été accordés à cet œuf ? Il est tout naturel de croire que ce n'est pas sans une grande nécessité, puisqu'ils doivent rendre plus difficile sa sortie du corps de la mouche. On va connaître la véritable cause pour laquelle ces ailerons ont été ajoutés, et l'on ne pourra s'empêcher d'admirer les précautions infinies que l'auteur de la nature a prises pour conserver de chétifs insectes, que la plupart des hommes dédaignent d'observer : ces ailerons ont été accordés à cette sorte d'œufs, parce qu'ils doivent être littéralement piqués dans des excréments, à mesure que la femelle en pond un. Chaque œuf a besoin d'être environné d'une matière molle et humide, pour que l'embryon qu'il contient, puisse éclore, mais il ne doit l'être qu'en partie : si le bout par lequel la larve doit sortir, en était couvert, la larve serait suffoquée, dès qu'elle voudrait paraître au jour. C'est pourquoi la nature qui a enseigné

à la mouche à planter son œuf dans les excréments (1), à mesure qu'elle le fait sortir
de son corps, a donné à cet œuf une forme
qui empêche que la femelle ne l'y fasse
entrer trop avant (2).

Nous allons décrire maintenant plusieurs

(1) Si l'on nous demandait pourquoi l'auteur de toutes
choses a pris tant de soins pour faire éclore de si sales
insectes, nous n'aurions qu'une seule réponse à faire à
cette question, ainsi qu'à toutes celles de ce genre : c'est
qu'il avait sans doute de sages raisons pour agir de la
sorte, et qu'il ne nous appartient pas, parce que nous
ne comprenons pas pourquoi un animal a été créé, de
supposer qu'il soit inutile à l'ordre général.

. (2) Nous prions les lecteurs de croire que si nous n'étions
persuadés qu'en histoire naturelle, les plus petits faits
ont souvent une grande importance, nous ne les eussions
pas entretenus si longtemps d'un insecte, à la vérité très-
curieux, mais fort dégoûtant.

Une espèce d'œufs qui est produite par un insecte qui
cause aussi bien du dégoût, mérite d'être signalée ici,
à cause de sa remarquable conformation. Nous voulons
parler des œufs du pou (Pédiculus, Lin., ordre des *parasites*); ces œufs, d'après Swammerdam, ont un petit
couvercle que l'insecte soulève en sortant, et qui y reste
attaché comme le couvercle d'un pot. Outre cela, ils
sont enduits d'une humeur visqueuse qui les fixe aux
corps sur lesquels ils sont déposés.

espèces d'œufs qui, contrairement aux précédents, ne présentent à la vue rien de
désagréable ; ils appartiennent à l'ordre des
hémiptères. La plupart des œufs des insectes
de cet ordre sont très - variés et souvent
élégants dans leurs formes : il y en a de
ronds, d'ovales, d'allongés, de pointus,
de tronqués ; quelques - uns ont à un de
leurs bouts des soies dont le nombre est
déterminé ; plusieurs s'ouvrent par des
opercules réguliers, tantôt en segments de
sphère, tantôt plats ; il y en a de glabres, de
velus, de jaunes, de bronzés, d'irisés, etc.

1° — Les œufs de la Scutellaire maure (Scu-
tella maura, 1ʳᵉ sect. des hétéroptères, fam.
des *géocorises* ou *punaises terrestres*) sont glo-
buleux, glabres, rangés en séries contiguës sur
le support où ils ont été pondus. Leur couleur est
d'un beau vert émeraude ; ils s'ouvrent par un
opercule en forme de calotte sacerdotale (1),

(1) N'est - ce pas une des preuves les plus manifestes

et la circonscription de celle-ci est marquée par une rangée circulaire de très-petits points blancs qu'une bonne loupe découvre facilement.

2° — La Pentatome grise (CIMEX GRISEUS, 1ᵣₑ sect. hétéroptères, fam. des *géocorises*) produit des œufs d'une couleur gris de perle, d'une forme ovalaire ou plutôt de la forme d'un court cylindre, dont le bout collé sur le support est tronqué, tandis que l'autre est arrondi en segment de sphère. Cet insecte, ainsi que la plupart des espèces de ce genre et des genres voisins, en pondant ses œufs, non-seulement les fixe, au moyen d'une espèce de colle, sur le support, mais il les enduit encore d'un vernis imperméable. Les œufs de cette pentatome, observés à la loupe, offrent une ligne circulaire

de la Providence, de voir que les œufs des hémiptères, dont les larves ne sont pas pourvues de mâchoires cornées comme celles des lépidoptères, s'ouvrent généralement avec la plus grande facilité, au moyen de ces petits opercules ; tandis que les œufs que produisent les papillons, dont les larves portent des mâchoires cornées, sont assez fermes et ont rarement des opercules ; ce qui était inutile, puisqu'il est toujours facile à l'insecte qui doit en sortir, de déchirer la coque avec ses mâchoires.

qui circonscrit un opercule ou calotte ; celui-ci se détache lors de la naissance de la larve et le limbe de l'ouverture est bordé de cils fort petits que le microscope fait apercevoir et qui sont destinés à retenir le couvercle avant l'époque de la maturité de l'œuf.

3° Voici encore la Pentatome ornée (CIMEX ORNATUS) dont les œufs sont d'une forme et d'une structure très-élégantes ; ils sont rangés en séries pressées et contiguës et ressemblent à de courts cylindres tronqués, ou plutôt à de petits barils placés sur un de leurs fonds. Leur opercule, au lieu d'être bombé comme celui de la pentatome grise, est plan, noir, avec un cercle autour et un point blanc au centre ; le contour de la coque où l'opercule est enchassé, est bordé de cils courts, régulièrement espacés comme dans le péristome de l'urne de certaines mousses.

4° Une autre Pentatome, nommée *aparines*, a des œufs ovales arrondis, remarquables par le duvet court dont ils sont hérissés. Ils s'ouvrent encore par un opercule en calotte, et le tissu de la coque, examiné au microscope, paraît réticulé comme celui des familles de quelques mousses.

5° Les œufs de la Punaise des lits (CIMEX LECTULARIUS), lorsqu'on les observe encore renfermés dans les ovaires, et non à terme, sont ovales et gros; mais quand ils sont pondus, ou à la veille de l'être, ils ont une forme oblongue légèrement rétrécie vers le bout antérieur. Celui-ci présente un petit opercule arrondi, à peine convexe, qui couvre l'ouverture par laquelle la larve doit éclore. Soumise à une forte lentille du microscope, la coque de ces œufs paraît toute couverte extérieurement de petites aspérités piliformes, destinées à favoriser leur adhérence contre les corps et les tissus où ils sont déposés (1).

(1) Nous sommes obligés de convenir que jusqu'alors, la punaise des lits, loin d'être reconnue utile, a été et a dû être considérée comme une espèce de fléau par toutes les personnes qui ont le triste privilège de les avoir pour parasites; mais quand nous observons des œufs presque imperceptibles à la vue, façonnés avec tant d'art; quand nous voyons (munis d'un bon microscope) leurs petits opercules destinés à ouvrir un passage à la larve, et les petites aspérités piliformes qui les recouvrent, et qui sont

6° **Les Gerris** pondent des œufs allongés, cylindroïdes, non tronqués à un de leurs bouts. Au lieu de s'ouvrir par le décollement, la chute d'un opercule régulier, comme nous venons de le voir chez plusieurs Pentatomes, ils se fendent longitudinalement, dans leur tiers antérieur, et c'est par cette fente que sort la larve.

7° **La Ranatre linéaire** (RANATRA LINEARIS) et la Nèpe cendrée (NEPA CINEREA), 1re sect., fam. des *hydrocorises* ou *punaises d'eau*, ont des œufs dont la configuration est très-remarquable ; ils se terminent en avant par des prolongements sétiformes, dont le nombre varie suivant les genres. Les œufs de la Ranatre sont allongés et terminés par deux longues soies seulement, et ceux de la Nèpe sont ovales et couronnés par sept soies.

8° **La Corize striée** (NOTONECTA STRIATA) a des œufs sphéroïdaux, mais terminés en avant

destinées, sans nul doute, à faciliter leur adhérence contre les corps ; nous nous inclinons devant l'auteur de toutes choses qui a voulu, il est probable, nous laisser ignorer l'utilité de ces insectes.

en pointe courte, ou en un petit bec ; leur base, par laquelle ils sont fixés sur les tiges immergées des plantes aquatiques, présente une espèce de bourrelet circulaire comme crénelé.

9° La Psylle du figuier (PSYLLA FICUS), 2e sect., fam. des *homoptères*, les *aphidiens*, étant dans l'obligation de fixer ses œufs dans l'écorce des arbres, a eu en partage des œufs qui, quoique ayant à peine un tiers de ligne de longueur, n'en sont pas moins faits avec beaucoup d'art. Ils sont pointus par un bout, arrondis par l'autre, et munis en dessous de ce dernier, d'un bec latéral assez prononcé, qui leur donne l'aspect d'une petite cornue, et qui sert à les piquer dans les écorces.

Si nous n'avions pas la crainte de fatiguer l'attention de certains lecteurs, il nous serait facile de trouver encore différentes espèces d'œufs, appartenant à cette intéressante famille d'hémiptères, qui nous présenteraient des particularités de conformation, aussi remarquables que celles que nous avons signalées. Mais nous aimons à croire que personne ne nous saura mauvais gré de résumer ici les endroits les plus saillants des pages précédentes. Ah ! il n'est jamais entré dans notre pensée de vouloir abuser des causes finales, comme Bernardin de Saint-Pierre ne l'a fait que trop souvent dans ses Études et ses Harmonies de la nature ; mais, dût-on nous doter de l'épithète de *cause-finalier*, que certaines personnes peu bienveillantes emploient souvent pour injurier leurs adversaires, dans les questions de ce genre, nous n'en soutiendrons pas moins que ces jolis petits opercules, maintenus au moyen d'un cercle formé de poils serrés et disposés à cet effet, que les larves des hémiptères font sauter pour sortir de l'œuf, ont été disposés ainsi pour faciliter leur éclosion.

Nous persisterons également à reconnaître une intention providentielle, dans ces petites pointes recourbées des œufs de la psylle du figuier ; dans les œufs de la corize striée, dont la base qui doit être fixée sur les tiges immergées des plantes aquatiques, est crénelée ; dans les soies dont d'autres sont pourvus ; enfin, dans les fentes longitudinales des œufs des gerris ; et, surtout, dans les oreillons de ceux de ces dégoûtants diptères, nommés mouches stercoraires.

Qui pourrait aussi ne pas reconnaître l'intention manifeste du sublime auteur, dans la présence d'une glande qui sécrète une espèce de colle qui sert à fixer les œufs dépourvus d'appendices naturels pour les attacher ; et dans l'absence de cette même glande chez les pucerons, parce que (ainsi que l'a si judicieusement observé notre savant Léon Dufour), les femelles de ces insectes ne pondant pas d'œufs, n'en avaient pas besoin ?

Pour terminer cet article, nous allons donner deux parties de mémoires de notre Réaumur : dans la première, ce célèbre observateur fait de curieuses remarques sur les œufs de certains diptères, et dans la seconde, il nous donne beaucoup de détails sur les œufs des lépidoptères.

« Les œufs de diverses espèces de mouches à deux aîles (1), ont des figures différentes de celles des œufs de nos grosses mouches bleues, et de celles des œufs des excrémens de cochon, et ont souvent des figures fort jolies : mais il n'est pas toujours aisé, ou plutôt il l'est rarement, de pouvoir deviner les raisons pour lesquelles les formes qui ont été données aux uns, sont très-différentes de celles qui ont été données aux autres. J'ai vu quelques espèces de mouches qui attachoient des œufs oblongs contre les parois de baquets pleins d'eau ; ce qui les déterminoit à les placer là, n'est pas ce qui m'embarrassoit, et nous en verrons assés la raison ailleurs. Les œufs de celles d'une espèce, étoient simplement oblongs et très-lisses. Ceux des mouches d'une autre espèce, oblongs comme les précédens, avoient, d'un côté de celui qui

(1) L'orthographe de Réaumur a été conservée.

ne devoit pas toucher le baquet, de jolies cannelures, très-bien marquées et parallèles les
unes aux autres, l'autre côté n'en avoit point.
Ce que ces œufs offroient de plus remarquable,
c'est que tout du long, des deux côtés diamé-
tralement opposés, il régnoit une lame mince
dont le bord extérieur étoit bien coupé en ligne
droite ; au moyen de ces deux bandes, l'œuf
sembloit comme encadré dans un cadre de pa-
pier. Il y a apparence que ces bandes aident
à tenir l'œuf mieux collé contre le baquet, et
que les œufs, qui n'en ont point de pareilles,
sortent du corps des mouches enduits de plus
de colle, ou enduits d'une colle plus forte que
celle des autres. Enfin il y a des œufs qui demandent à être attachés, et solidement, pour
que le ver puisse parvenir à les ouvrir, et il
y en a qui, pour tenir contre les mouvemens
que le ver fait alors, demandent à être attachés
plus solidement que d'autres.

» Une mouche d'une grandeur médiocre,
d'une grandeur qui est au-dessous de celle des
mouches bleues de la viande, et qui est une

espèce du même genre, dont le corcelet est gris brun, parce que des taches cendrées y sont jettées sur un fond presque noir, cette mouche, dis-je, dont le corps est presque noir, dépose aussi sur la viande des œufs, dont la figure est différente de celle des œufs des grandes mouches bleues. Ils sont plus courts que ces derniers, et plus renflés au milieu qu'à l'un et à l'autre de leurs bouts. Comme ils sont un peu applatis, on peut leur distinguer deux côtés ; l'un plus arrondi, plus convexe, est tout couvert de cannelures très-fines ; et l'autre plus applati, n'a que cinq grosses côtes, et par conséquent cinq cannelures. Les vers qui sortent de ces œufs, sont assés semblables, au premier coup-d'œil, à ceux des grosses mouches bleues, et je n'ai point cherché à appercevoir les différences peu frappantes qui pourroient être entre ceux de cette espèce et ceux de l'autre.

» Souvent j'ai trouvé sur des tiges de gramen des œufs, dont je ne parvenois à bien voir la figure, qu'avec le secours de la loupe ; ils avoient celle d'une navette ou d'un petit bateau, ou plutôt d'un petit vaisseau extrêmement blanc, dont le milieu du tillac seroit plus relevé que les bords du vaisseau. Les endroits où ils sont placés prouvent la prévoyance de la mouche qui les pond ; cette mouche m'est inconnue, je sais seulement qu'elle vient d'un ver blanc à tête variable, armée de deux crochets. Il est aisé de remarquer sur certaines tiges de gramen, des plaques jaunes, assés épaisses, et qui, si on les examine de près, ne semblent être qu'un amas d'une infinité d'œufs extrêmement petits. Mes observations ne m'ont encore pu apprendre si ces taches ne sont réellement qu'un assemblage d'œufs, ou si elles sont une maladie de la plante ; mais j'ai presque toujours trouvé sur ces taches les petits œufs en forme de bateau, dont je viens de parler, et j'y en ai trouvé tantôt plus et tantôt moins ; quelquefois plus d'une vingtaine sur la même plaque, et quelquefois seulement cinq à six ; quelquefois j'ai trouvé les œufs fermés, et quelquefois je les ai trouvés ouverts. Lorsque les œufs étoient ouverts, j'ai vu que la plaque jaune étoit rongée en divers endroits, et qu'elle l'étoit par de petits vers blancs à tête variable, et armée de deux crochets ; mais je n'ai pu parvenir à voir la métamorphose de ces vers. »

. . . .

« Les œufs du plus grand nombre des espèces de papillons ont de vraies figures d'œufs, c'est-à-dire, qu'ils sont arrondis, les uns plus pourtant et les autres moins. Les uns sont assés exactement de petites sphères ; les autres sont des sphères un peu applaties ; les autres sont des sphéroïdes plus ou moins allongés, et plus ou moins applatis ; d'autres sont des cylindres, des espèces de petits barillets dont les boûts sont arrondis ; d'autres ont à peu près la forme des fromages d'Hollande. Mais les figures de quantité d'autres espèces d'œufs sont moins simples, et il semble que la nature ait pris plus de soin à les façonner. Celles de quelques-uns sont des espèces de segments de sphère ; d'autres sont de petits cônes très-écrasés ; le cercle qui fait leur base, ou la partie plane de l'œuf, est appliqué, ou contre quelque feuille, ou contre quelque branche. On ne sçauroit observer leur partie convexe à la loupe sans regarder avec plaisir le travail qui y paroit : on voit qu'elle est remplie de cannelures arrangées avec beaucoup de régularité, qui toutes partent de la base ; et se dirigent vers le sommet. Sur quelques œufs toutes ces cannelures arrivent à ce sommet, vers lequel elles tendent. Sur d'autres, il y a alternativement une cannelure qui va jusqu'au sommet, et une qui finit vers la moitié ou plus de la hauteur. Enfin ces œufs paroissent très-joliment sculptés ; leurs formes approchent assés de celles de certains boutons, dont le dessus est couvert et orné par des fils d'argent ou d'or trait disposés par côtes ; ces côtes représentent la disposition des cannelures de nos œufs. Les papillons de plusieurs chenilles qui vivent sur le chêne, ceux de quelques chenilles du chou, de celles qui entrent en terre, celui d'une chenille velue du titimale à port de ciprès, etc., pondent de ces œufs en forme de bouton.

» Les papillons de quelques-autres chenilles

du chou, comme ceux de la plus belle de celles de cette plante, et comme ceux de la petite chenille verte de la même plante, sont des œufs d'une autre forme, et encore plus singulière. Ce sont autant de petites piramides dont la base est posée contre la surface d'une feuille, comme la base des piramides ordinaires est posée sur la surface de la terre. Mais les bases de nos œufs piramidaux ne sont pas simplement appliquées contre la feuille, elles y sont collées, sans quoi on imagine assés que les œufs ne s'y soutiendroient pas longtemps. Le corps de la piramide a au moins, en hauteur, trois à quatre fois le diamètre de sa base; il est ordinairement formé par huit côtes arrondies, séparées par autant de cannelures, qui du sommet vont au gros bout. Chacune des côtes est elle-même travaillée, elle a une infinité de petites cannelures transversales ou parallèles à la base.

» Les œufs du papillon de la chenille épineuse, la plus commune sur l'orme, ont l'air d'une espèce de turban, je veux dire, que le contour de leur base a un peu moins de diamètre, que celui de leur partie supérieure. Sur le bout de celle-ci, il y a huit arrêtes espacées également, disposées et taillées à peu près comme les quatre cornes des bonnets quarrés. Ces arrêtes descendent le long du corps de l'œuf, elles y font des côtes qui diminuent insensiblement de hauteur, et qui disparoissent avant que d'être arrivées à la base. Le corps de l'œuf est entouré d'une infinité de cannelures, ou de cordons plus fins, tous parallèles à la base. Pourquoi les œufs de certains papillons ont-ils des figures sphériques et pourquoi les autres ont-ils des figures piramidales ou coniques? ce sont de ces mystères dont nous ne devons pas même chercher à rendre raison. Il faut se contenter d'entrevoir que des chenilles assés semblables en apparence, peuvent avoir besoin de naître dans des œufs d'une forme et d'une capacité différente. Que d'autres raisons, qui regardent peut-être les papillons mêmes qui pondent ces œufs, demandent des figures différentes à leurs œufs. Dans l'intérieur même du corps du papillon, ces œufs ont les figures qu'ils ont quand ils en sont sortis.

» Il y en a qui sont faits comme des espèces de timbales ou de marmites sans pieds, c'est le bout arrondi qui est collé contre une feuille ou une tige d'arbre ; le bout évasé est en dessus, tout son contour a un rebord qui semble fait pour maintenir une espèce de couvercle. C'est la forme des œufs de certains papillons femelles qui paroissent dépourvus d'ailes, et qui les ont au moins si courtes, que la loupe est nécessaire pour les bien voir ; nous avons parlé d'une chenille à brosse qui donne ce papillon.

» Assés communément la couleur des œufs nouvellement pondus est blanchâtre ou d'un blanc jaunâtre. Il y en a pourtant qui sont d'un blanc éclatant, tel que celui de la nacre de perle ; mais il y en a beaucoup d'autres couleurs. On en trouve de toutes les nuances de brun, d'entièrement verds et d'un beau verd, de bleus, de couleur de rose ; il y en a d'une seule couleur, et d'autres de couleurs combinées par taches, etc.

» Tous les œufs dont nous venons de parler sont attachés par une couche de colle, qui n'est sensible que par son effet, assés grand pour les bien retenir ; mais les œufs de quantité d'autres papillons sont non-seulement retenus, ils sont même enchâssés presqu'en entier, ou en grande partie, dans un lit de colle d'une couleur différente de la leur. De tous les nids d'œufs de papillons, celui où cette colle est le plus visible, et qui d'ailleurs est un des plus jolis pour l'arrangement des œufs, est un nid connu des jardiniers, parce qu'ils le trouvent assés souvent en taillant leurs arbres ; ils l'appellent le bracelet ou la bague, et ils l'ont très-bien nommé. Ces nids entourent un jet de poirier, de pommier, de pêcher, de prunier, comme les bagues ordinaires entourent les doigts, ou comme les bracelets entourent les bras. Ils ressemblent tout-à-fait aux bracelets de grains d'émail ; chaque œuf tient ici lieu d'un de ces grains. Il entre depuis 200, jusqu'à 550 œufs dans chaque bracelet. On ne voit que leur partie supérieure dont le contour est rond et blanc ; le milieu est plus brun ; la sommité est toujours marquée par un point noir. Ces grains ou œufs,

qui se touchent seulement par quelques endroits
de leur contour, et qui sont pressés les uns
contre les autres, laissent nécessairement entre
eux des espaces qui sont remplis par une espèce
de gomme brune, dure et cassante. La largeur
du bracelet est formée par 14 à 15 rangs, et
jusqu'à 17 rangs d'œufs. Ils ne sont pas placés
précisément sur la circonférence d'un cercle, ils
sont disposés en tours de spirale, qui quelquefois
s'éloignent peu de la figure circulaire. La forme
de chaque œuf tient de celle d'une piramide
tronquée à quatre faces qui ne sont pas bien
planes ; elles ont quelque rondeur, et elles se
rencontrent par des angles obtus. La piramide
est posée de manière que la partie de l'œuf,
qui est visible, est la base de cette piramide,
et que le bout où la piramide est tronquée, est
le plus proche de la branche, à la circonférence
de laquelle les axes de ces piramides sont perpendiculaires. Il suit de la figure de ces œufs
qu'ils ne se touchent que par quelques endroits
de leur bord extérieur ; qu'ils sont, sur tout,
séparés les uns des autres vers leur bout le

plus proche de la branche de l'arbre. Tous les vuides qu'ils laissent entre eux sont remplis par la gomme dont nous avons parlé, dans laquelle ils sont tous enchâssés et comme sertis. Le lit de gomme dans lequel ils sont logés va par delà leurs bouts, et les empêche de toucher l'écorce de l'arbre » (1).

(1) Voir la planche VII avec les explications. On a fait dessiner sur cette planche tous les œufs les plus remarquables dont il est fait mention, dans l'article sur les œufs des insectes.

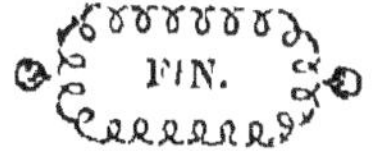

EXPLICATION

DES PLANCHES.

PLANCHE PREMIÈRE.

Grandeur naturelle de la chenille, environ.. $0^m,095$
La même chenille à sa naissance, environ... $0^m,0025$
Muscles du corps seul..................... 1 521

Cette planche représente les couches profondes des muscles de la chenille, ouverte par
le dos.

Observation essentielle. — Les muscles, les nerfs et
les vaisseaux aérifères (trachées ou bronches) étant en
nombre égal et disposés de la même manière de chaque
côté de la chenille, Lyonet a pensé qu'en représentant
les mêmes objets des deux côtés, ce serait multiplier,
sans nécessité, les figures; il s'est contenté de les dessiner
seulement d'un côté; de sorte que chaque planche de
muscles, de nerfs et de bronches peut tenir lieu de deux
figures, dont un côté fera toujours voir des objets qui
ne paraissaient que peu ou point sur l'autre côté; parce
qu'ils étaient cachés en tout ou en partie.

Mettant à profit l'ingénieuse idée de Lyonet, nous

avons encore simplifié le travail de nos deux planches qui représentent les muscles.

Nous nous sommes contentés d'en faire graver une partie. Les muscles reproduits peuvent suffire pour avoir une idée exacte de ceux qui suivent; le dernier anneau et les trois premiers sont les seuls qui présentent une disposition différente.

Cette marche nous a permis, avec nos deux planches qui laissent voir, en grande partie, les muscles d'une chenille ouverte par le dos, de donner au lecteur une idée complète du prodigieux appareil musculaire que la nature a donné à la chenille; car il lui sera facile de se représenter par la pensée, en s'aidant du texte, les muscles d'une chenille ouverte par le ventre (1).

PLANCHE II.

FIGURE 1.

Cette figure représente les couches superficielles des muscles de la chenille, ouverte par le dos.

(1) On a jugé utile de donner assez de développement aux explications des planches; afin de rendre l'intelligence des figures plus facile. En suivant cette marche trop peu usitée dans les ouvrages d'histoire naturelle, on a eu pour but de faire connaître plus exactement les merveilles de l'organisation de la chenille. On a mis aussi en tête, ou dans le cours de l'explication destinée aux figures les plus importantes, la dimension des objets, vus dans leur grandeur naturelle; pour que le lecteur, mieux pénétré de leur petitesse, pût apprécier davantage leur étonnante complication. Ces précautions ont dû nous entraîner à répéter, quelquefois, ce qui avait déjà été dit dans nos notes ou réflexions; mais comme nous avons pris à tâche de justifier, autant que

Le côté qui est à gauche du lecteur, laisse voir la première couche de muscles, et le côté qui est à droite, la deuxième; outre ces deux couches, on aperçoit distinctement des parties de muscles appartenant à d'autres couches intérieures.

FIGURE 2.

Plusieurs fibres musculaires considérablement grossies; afin de faire voir les petites articulations qui ont fait comparer ces fibres à de petites piles galvaniques.

FIGURE 3.

Plusieurs muscles du troisième gros intestin, très-grossis, avec les petites attaches qui les joignent ensemble.

Ce sont ces petites attaches que nous avons portées au nombre de 24 000 environ, et qui, réunies aux 1 800 muscles de cet intestin, font un total de 25 800 parties employées à la structure d'un organe qui a quelques millimètres de longueur.

FIGURE 4.

Une petite partie du ventricule, très-grossie pour faire voir la disposition des muscles trans-

cela était en notre pouvoir, le titre que nous avons ajouté à celui de Lyonet, nos lecteurs, nous nous plaisons à le croire, ne nous blâmerons pas d'avoir adopté ce moyen.

versaux et longitudinaux qui le recouvrent totalement.

PLANCHE III.

FIGURE 1.

Système nerveux du corps de la chenille.

Malgré les nombreuses ramifications que l'on peut distinguer sur cette figure, le lecteur aurait une bien fausse idée de l'admirable système nerveux de la chenille, si son imagination ne se représentait encore une foule de ramifications qu'il est impossible de reproduire.

FIGURE 2.

Système respiratoire de la chenille, renfermé, ainsi que le système nerveux de la figure 1, dans un espace de quelques millimètres de longueur chez la chenille naissante.

Branches de trachées visibles................ 1 568

Pour avoir une image plus exacte de ce sublime appareil, il faut que le lecteur ait recours à la figure 6 de la planche VI; il verra que ces vaisseaux sont tellement multipliés dans l'intérieur du corps de la chenille, que la partie que nous avons fait dessiner, et qui n'est pas plus grosse qu'un crin, en est littéralement couverte.

PLANCHE IV.

FIGURE 1.

Cette figure représente le corps graisseux et tous les viscères de la chenille.

Le corps graisseux a été renversé sur les côtés de l'insecte; afin de découvrir tout l'intérieur du corps.

A, A, A, A. Canal longitudinal aérifère, nommé *trachée-artère*.

t, t, t, t, t, t, t, t. Points de départ de ramifications des trachées ou vaisseaux aérifères correspondant aux stigmates.

CA, CA. Canal alimentaire.

1. Ouverture de l'œsophage dans la bouche.

2. OEsophage.

3. Estomac ou ventricule.

4. Premier intestin.

5. Deuxième intestin.

6. Troisième intestin.

B, B. Intestins grêles.

D, D. Sac fécal.

E, E. Réservoirs de la liqueur dissolvante dont se sert la chenille du saule pour ramollir le bois.

F. Filière.

G, G. Vaisseaux renfermant la matière de la soie.

H, H. Corps graisseux qui enveloppe tous les viscères de la chenille.

Observation. On a fait graver, avec les plus grands soins, le canal alimentaire avec tous les muscles qui le recouvrent, sur la planche VI, figures 2, 3, 4, pour donner au lecteur une idée complète de son organisation de ce curieux organe.

FIGURE 2.

Une jambe antérieure (1).

Muscles pour les six jambes antérieures...... 126

La figure est assez grossie pour qu'il soit facile de distinguer les cinq pièces qui composent ces jambes qui nous paraissent si simples, vues de grandeur naturelle.

FIGURE 3.

Une jambe antérieure fort grossie.

On voit les 24 muscles qui font mouvoir ses articulations et ceux qui font agir l'ongle.

FIGURE 4.

Un des grands, et un des petits crochets de la jambe que représente la figure 5.

Ces crochets ont été grossis environ 125000 fois; on distingue la forte membrane qui embrasse toute la moitié antérieure de leur largeur, elle permet par sa souplesse, aux crochets de s'écarter et de se rapprocher les uns des autres.

Il ne sera pas sans intérêt de se rappeler que les huit jambes intermédiaires d'une jeune chenille, avec les

(1) La dimension de la planche IV nous ayant permis de faire graver plusieurs jambes de la chenille, le lecteur comprendra que cette nouvelle disposition doit modifier les explications données, dans la note que nous avons placée à la page 110.

deux postérieures, qui paraissent à peine à la vue simple,
ont reçu de la nature plus de 800 crochets aussi ingénieusement organisés que ceux que nous avons fait
dessiner.

FIGURE 5.

Une jambe intermédiaire, munie de ses
crochets.

Il est à remarquer que ces crochets sont alternativement grands et petits; afin qu'ils saisissent mieux les
corps auxquels ils se cramponnent.

FIGURE 6.

Partie antérieure d'un des vaisseaux soyeux.

Cette partie qui, vue de grosseur naturelle, n'est pas
plus épaisse qu'un crin, est assez grossie sur la figure,
pour qu'elle laisse voir tout ce que son organisation
présente d'étonnant.

On doit surtout remarquer la tunique élastique, en
forme de ressort à boudin ; son élasticité a pour but
d'empêcher ce vaisseau, déjà si étroit, de se comprimer
par une légère pression.

FIGURE 7.

Un des deux réservoirs des vaisseaux qui
renferment le suc corrosif qui sert, ou à ramollir le bois que la chenille du saule creuse, ou
à le digérer, en s'y mêlant, quand elle l'avale.

Ce réservoir est couvert d'un grand nombre de trachées.

PLANCHE V.

FIGURE 1. (1)

Intérieur d'une tête de chenille. Les muscles, dont plusieurs sont vus sur cette figure, s'élèvent, en totalité, à.................. 228

On y découvre, comme parties principales :

1° La partie antérieure de l'œsophage ; c'est le large vaisseau coupé, qui est placé immédiatement au-dessous des ganglions et qui sort de la tête ;

2° Les cous des vaisseaux dissolvants avec le commencement de leurs réservoirs, qui se trouvent placés à gauche et à droite de l'œsophage ;

3° Plusieurs bronches (trachées) qui sortent des deux côtés de la tête ;

4° A droite, les muscles abducteurs des mâchoires ; et à gauche, la lame abductrice à laquelle plusieurs de ces muscles étaient attachés : ils ont été enlevés pour la mettre à découvert ; les autres y ont encore leur insertion ;

5° La partie antérieure des deux vaisseaux soyeux, qui viennent se rendre dans la filière ;

(1) Le lecteur, en se livrant à l'étude de cette figure, doit bien se pénétrer que tous les objets, sur lesquels nous donnons des explications, et ceux, beaucoup plus nombreux encore, qui ne peuvent se voir sur une seule figure, se trouvent également renfermés dans une tête de chenille qui, à sa naissance, ne l'a pas plus grosse qu'une tête d'épingle (ex. : le ver-à-soie et autres espèces).

L'admirable organisation de cette partie de la chenille, l'importance des organes qu'elle renferme, et, surtout, le précieux produit que nous devons à la filière des vers-à-soie, nous ont fait un devoir de développer plus longuement ces explications.

6° Une partie des nerfs qui sont fournis par les deux ganglions de la tête;

7° A la partie supérieure de la figure, les deux larges mâchoires de la chenille;

Ces mâchoires sont noires, écailleuses, très-dures, et armées de cinq dents. L'usage auquel elles ont été destinées, exigeait qu'elles fussent ainsi organisées; mais cela ne suffisait pas, il fallait encore trouver le moyen de donner à ces parties, le plus de force possible, surtout aux mâchoires des chenilles qui coupent et rongent le bois. Pour cela, il était indispensable qu'un nombre considérable de muscles concourussent à les faire agir, et il fallait trouver les moyens de leur donner une disposition qui pût favoriser leur action. Comme il était impossible que le grand nombre de muscles nécessaires, pour obtenir ce résultat, pût trouver place autour de la base si étroite de la mâchoire; un moyen très-ingénieux, et, en même temps fort simple, a été employé par le sublime architecte: quelques lames solides ont été fixées aux deux extrémités de la base de la mâchoire, et ont été opposées aux points d'appui sur lesquels elle agit. Les 22 muscles qui concourent à faire ouvrir les mâchoires sont attachés, d'un côté des points d'appui, à une de ces lames, et ceux, au nombre de plus de 120, qui concourent à les faire fermer, sont attachés de l'autre, aux autres lames: les lames adductrices sont, quant à leur forme et à leur position, telles qu'il fallait qu'elles fussent pour obtenir le plus de force possible, quand la chenille ferme les mâchoires. Dans toutes ces dispositions, les lois les plus rationnelles de la mécanique ont été strictement observées; qui pouvait mieux les observer que l'auteur de ces merveilles?

8° La filière qui se trouve placée entre les deux gros barbillons surmontés d'une épine, que l'on aperçoit à la partie supérieure de la figure;

Si nous supposons cette partie mise à découvert, et grossie considérablement, nous apercevons d'abord deux muscles pyramidaux de chaque côté, qui s'attachent à une pièce écailleuse. Les vaisseaux soyeux s'ouvrent dans cette pièce d'un côté, et elle se termine de l'autre par un petit canal écailleux, qui entre dans le tuyau soyeux que l'on aperçoit dans le milieu de la figure. Il est probable que cette pièce écailleuse sert, au moyen des muscles pyramidaux, de pompe pour attirer la matière soyeuse qui est dans les vaisseaux soyeux, et de seringue pour la faire sortir en dehors; ce qui, en ce cas, pourrait s'expliquer en supposant au vaisseau soyeux et au petit canal, à chacun une valvule, dont celle du vaisseau soyeux se ferme, et l'autre s'ouvre, quand la pièce écailleuse rapproche ses branches, pour pousser la matière soyeuse en dehors, et dont celle du vaisseau soyeux s'ouvre, et l'autre se ferme, quand cette pièce écarte ses branches pour pomper. Cette admirable filière, qui n'occupe qu'une bien petite place dans notre tête d'epingle, est si parfaitement organisée pour filer, dans toutes ses parties, que le tuyau soyeux non-seulement est flexible et élastique, pour qu'il puisse se remuer en tous sens, sur la filière, ainsi que la filière le fait sur sa base, mais encore il a son extrémité taillée en bec de plume, sans pointe; afin que la chenille puisse plus facilement appliquer immédiatement la matière soyeuse sur les corps, lorsqu'elle veut filer.

9° Les deux gros barbillons, qui se voient de chaque côté de la filière.

Ces barbillons servent de mains à la chenille, quand elle mange, et quand elle file : dans l'un et dans l'autre de ces cas, on les voit continuellement en action : leur agilité étonnante, ainsi que celle de la filière, doit nous faire supposer que ces organes sont encore mus par un plus grand nombre de parties que le célèbre Lyonet n'en a décrit; mais, à cause de leur infinie petitesse, elles ont échappé aux recherches les plus opiniâtres de ce savant.

Observation. Pour avoir une idée complète de toutes les pièces que la tête renferme, il faut joindre, par la pensée, aux organes ci-dessus décrits, une foule de rameaux de nerfs et de trachées que Lyonet a représentés à l'aide de dix figures pareilles à celles que nous avons reproduites; aussi, avons-nous la conviction que, s'il était possible de contempler, sur un seul tableau, tout l'intérieur de la tête d'une chenille, grossie, de manière à ce que toutes les pièces qui la composent en fussent bien distinctes les unes des autres, ce serait le spectacle le plus surprenant qui pût s'offrir aux regards d'un observateur philosophe.

Quelle serait la magie de ce spectacle, si l'on pouvait joindre, à ce tableau incomparable, les 103950 objets observés dans les 34650 yeux de certains papillons (qui sont en germe dans la chenille), dont nous avons parlé à la page 157, et dont plusieurs ont été représentés sur la planche V, fig. 4 et 5?

FIGURE 2.

La chenille qui ronge le bois du saule.
(*Bombyx cossus* de Linnée.)

a, a, a. Pates écailleuses.
b, b, b, b, b. Pates membraneuses.

FIGURE 3.

Le côté du ventre de l'œsophage avec tous ses muscles.

Cette figure a été dessinée à part, et assez grossie pour qu'il soit facile de bien voir l'étonnante complication de cet organe, dont le côté du dos a été représenté, dans les plus grands détails, avec le ventricule et les intestins, planche VI, fig. 2, 3, 4.

FIGURE 4.

Un œil composé assez grossi, pour faire voir les cristallins qui forment la cornée.

FIGURE V.

Une partie de l'intérieur de l'œil de la figure 4 considérablement grossie.

a. Une partie du nerf optique.
b, b. Deux colonnes ou nerfs secondaires.
c, c. La rétine commune.
d, d. La choroïde générale.
e, e. Parties de nerfs optiques propres, masquées par un tissu filamenteux.
f, f. Plusieurs nerfs optiques propres dans leur partie libre.
g, g. Leurs bulbes ou globes simples (1).
h, h. Les choroïdes propres de ces derniers.
i, i. Les cristallins respectifs.

(1) Ce sont ces globes qui, dans les yeux composés d'un papillon, sont en nombre de plus de 30 000.

17*

PLANCHE VI.

FIGURE 1.

Dans cette figure, destinée à faire voir les nerfs de la tête, les objets ont été grossis au moins 1000 fois.

Presque tous les nerfs étant distribués par paires semblables, ainsi qu'on l'a déjà observé, Lyonet s'est contenté de n'en représenter, de chaque paire, qu'un seul, pour ne pas trop charger la figure ; de sorte que les nerfs qui se voient à l'un de ses côtés, sont des nerfs d'autres paires, que celles des nerfs qui se voient de l'autre, à la réserve seulement de deux ou trois. Tous les nerfs de la tête tirent leur origine du ganglion que l'on aperçoit vers le milieu de la figure, et du premier ganglion du cou, qui tient immédiatement au second, et n'en est distingué que par un étranglement peu enfoncé.

FIGURES. 2, 3, 4.

Muscles.. 2186

Ces trois figures jointes ensemble forment un canal continu qui descend, en droite ligne, de la bouche vers l'anus, et que l'on désigne sous le nom de canal alimentaire.

Fig. 2. OEsophage, côté du dos :
 A, B. Partie antérieure renfermée dans la tête ;
 B, C. L'intermédiaire ;
 C, D. La postérieure.

Fig. 3. Ventricule (estomac).

Fig. 4. Gros intestins et intestins grêles.

Toutes les parties qui constituent ce canal alimentaire, ont été dessinées avec la plus grande fidélité et assez grossies pour qu'il soit facile d'apercevoir l'incroyable quantité de muscles qui les recouvrent.

FIGURE 5.

Une petite partie de la trachée artère considérablement grossie, pour que l'on puisse distinguer ses trois tuniques.

FIGURE 6.

Morceau d'une des deux branches dans lesquelles le conduit de la moelle épinière se fourche près des ganglions.

Cette partie qui, vue à son état naturel, n'est pas plus grosse qu'un crin, a été assez grossie pour faire voir que, malgré son infinie petitesse, une multitude de vaisseaux aérifères la tapissent dans tous les sens. L'imagination s'effraie, lorsqu'elle se représente la petitesse de ces vaisseaux aérifères et leur structure si compliquée.

FIGURE 7.

Un ganglion qui, à son état naturel, n'est pas plus gros qu'un grain de sable.

Même observation à faire que pour la figure précédente.

PLANCHE VII. [1]

___

OEUFS D'HÉMIPTÈRES.

FIGURE 1.

OEuf de la Pentatome ornée (*Cimex ornatus*), forme de petits barillets.

a. OEuf séparé de son opercule et vide.
b. Opercule détaché.

On voit distinctement dans la figure, la bordure des cils, arrangés avec régularité pour maintenir le couvercle.

FIGURE 2.

OEuf du Coré bordé (*Coreus marginatus*) : en sphéroïde comprimé, tronqué latéralement.

FIGURE 3.

OEuf du Miris (*Carcelii*) : allongé, cylindroïde, tronqué à un bout et un peu arqué.

FIGURE 4.

OEuf de la Punaise des lits (*Cimex lectularius*) : forme oblongue, légèrement rétrécie vers le bout antérieur.

On remarquera avec intérêt que ces œufs ont un petit opercule arrondi, qui couvre l'ouverture par laquelle la

(1) Tous les œufs représentés sur cette planche ont été grossis.

larve doit sortir; et que leurs coques sont entièrement couvertes de petites aspérités piliformes, destinées à favoriser leur adhérence contre les parties sur lesquelles ils sont déposés.

FIGURE 5.

OEuf du Gerris des marais (*Gerris palu-dum*) : allongé, cylindroïde, non tronqué à un de ses bouts.

Les œufs de cet insecte ont cela de remarquable, qu'au lieu de s'ouvrir par la chute d'un opercule régulier, ils se fendent longitudinalement dans leur tiers antérieur, et la larve sort par cette fente.

On voit facilement sur la figure la fente, avec une dépouille membraneuse à son ouverture.

FIGURE 6.

Plusieurs œufs, de l'insecte précédent, placés sur un brin d'herbe aquatique.

FIGURE 7.

OEuf de la Naucore cimicoïde (*Naucoris cimicoïdes*) : oblong, obliquement tronqué à son bout antérieur, la troncature est circonscrite par un filet en relief.

FIGURE 8.

OEuf de la Ranatre linéaire (*Ranatra li-nearis*) : allongé et terminé par deux longues soies.

FIGURE 9.

OEufs de la Naucore aptère (*Naucoris ap-tera*), pondus sur une tige de plante aquatique : ovales obtus, non tronqués.

Lorsque ces œufs sont examinés à une forte lentille du microscope, la texture de leurs coques semble réticulée, et paraît avoir des mailles arrondies, traversées de raies parallèles.

FIGURE 10.

OEuf de la Corise striée (*Corixa striata*), placé sur un brin d'herbe aquatique : ces œufs sont sphéroïdaux, mais terminés en avant en un petit bec.

Il est à remarquer qu'ils ont à leur base une espèce de bourrelet circulaire comme crénelé, qui sert à les fixer.

FIGURE 11.

OEufs de la Corise hiéroglyphique (*Corixa hieroglyphica*), placés sur un brin d'herbe aquatique : ovales - oblongs, pointus et fixés comme les précédents.

FIGURE 12.

OEuf de la Nèpe cendrée (*Nepa cinerea*) : ovale et couronné par sept soies.

Les œufs des insectes de ce genre sont remarquables

par les soies qui les terminent en avant ; le nombre de ces prolongements sétiformes varie suivant les genres.

FIGURE 13.

OEuf de la Psylle du figuier (*Psylla ficus*) : ovale - conoïde, pointu par un bout, qui se termine par un filet capillaire, arrondi par l'autre, et muni au-dessous de ce dernier, d'un bec latéral assez visible pour leur donner l'apparence d'une petite cornue.

Il est évident que la nature a donné à ces œufs ce bec latéral pour que l'insecte pût les fixer dans l'écorce du figuier ; c'est là qu'ils sont toujours placés.

OEUFS DE DIPTÈRES.

FIGURE 14.

OEuf de la Mouche stercoraire (*Musca stercoraria*).

Cette figure montre en entier un des œufs qui, dans la figure 15, sont cachés en grande partie dans des excréments. On voit distinctement les deux ailerons ou cornes, qui sont destinés à empêcher la partie supérieure de l'œuf de pénétrer trop avant dans les excréments.

FIGURE 15.

Plusieurs œufs de la figure 14, piqués dans les excréments.

FIGURE 16.

OEuf d'une espèce de mouche qui les dépose contre les parois de baquets pleins d'eau : oblong et recouvert, du côté qui ne touche pas le baquet, de jolies cannelures très-bien marquées et parallèles les unes aux autres.

Ce que ces œufs offrent de plus remarquable, c'est une lame mince qui, évidemment, sert à les tenir mieux collés contre le baquet.

FIGURE 17.

OEuf de la Mouche bleue de la viande (*Musca vomitoria*).

On voit à l'extrémité supérieure les deux parties de la languette, où se fait l'ouverture par laquelle la larve sort.

FIGURE 18.

OEuf du Cousin commun (*Culex pipiens*).

On remarque une ouverture comme celle du goulot d'une bouteille, et qui semble avoir son bouchon fait d'une matière cristalline : la larve, pour sortir de l'œuf, fait sauter le bouchon.

OEUFS DE LÉPIDOPTÈRES.

FIGURE 19.

OEuf d'une espèce de papillon.

Cet œuf a la forme d'un bouton cannelé.

FIGURE 20.

OEuf d'une autre espèce de papillon.

Représente un petit cône très-écrasé, avec des côtes en relief.

FIGURE 21.

Un autre œuf en forme de bouton.

FIGURE 22.

OEuf ressemblant à une pyramide, ornée de côtes arrondies et de jolies cannelures.

FIGURE 23.

OEuf en forme de turban.

FIGURE 24.

OEuf ayant la forme d'une espèce de timbale ou de marmite sans pieds.

FIGURE 25.

Représente un très-joli nid d'œufs de chenilles, attaché sur une petite branche d'épine.

Les œufs sont arrangés en spirale, ils sont enchâssés, en partie, dans de la gomme, et couverts d'un duvet qui les cache à nos yeux.

FIGURE 26.

Cette figure est celle d'une coupe d'une partie du nid de la figure précédente, grossie à la loupe,

On y voit quatre œufs qui, par le bout le plus proche de la branche, sont enchâssés dans la gomme.

FIGURE 27.

Une petite branche d'arbre, entourée d'une bague ou d'un bracelet d'œufs, arrangés en lignes spirales par le papillon.

FIGURE 28.

Deux œufs très-grossis, dont les petits bouts sont enchâssés dans la gomme.

FIGURE 29.

Espèce de couvercle qui se trouve au bout de chaque œuf de la figure précédente.

FIGURE 30.

Partie de bracelet, vue très en grand, qui a été enlevée de dessus la petite branche de la figure 27.

On voit ici les œufs par le bout qui était appliqué contre la branche; on a seulement ôté la gomme dans laquelle les bouts de ces œufs étaient enchâssés, parce qu'elle eût empêché de les voir.

FIN DE L'EXPLICATION DES PLANCHES.

OBSERVATIONS

SUR DIFFÉRENTS INSECTES

Très-remarquables par leur industrie, leurs mœurs
et leur organisation.

SUR LES FILIÈRES DES ARAIGNÉES.

> Quelle merveille pour l'homme de voir
> remuer et agir des machines organisées dont
> des milliers, mises ensemble, font à peine
> la grosseur d'un grain de sable? Quel ra-
> vissement n'éprouverait-il pas à la vue de
> ces parties, dont la délicatesse est si grande,
> qu'elles ne sauraient tomber sous les sens?
>
> LESSER.

Plusieurs articles sur les mœurs et l'intelligence des araignées, faisant partie de ce
choix d'observations, nous avons dû faire
connaître auparavant les passages les plus
curieux d'un Mémoire de Réaumur sur leurs
filières. Ce curieux Mémoire, que l'on peut

considérer comme inédit (1), publié en 1715, époque bien antérieure à la publication de son célèbre ouvrage sur les insectes, pourra déjà donner une idée du talent de ce savant, pour observer les plus petits objets, et de sa patience pour suivre ses expériences jusque dans leurs dernières conséquences.

L'illustre Malpighi, dans son anatomie des vers à soie, nous a décrit les parties d'où leur soie se tire; nous allons bien trouver un autre appareil dans le corps des araignées. Près du derrière de l'araignée, il y a six mamelons, le bout de chaque mamelon est la filière par où sortent les fils de soie; mais quelles filières? dans un espace plus petit que la tête de la plus petite épingle, il y a assez de trous différents, pour donner sortie à une quantité surprenante de fils séparés; on distingue ces trous par leurs effets.

(1) Nous le considérons comme tel, parce qu'on ne le trouve que parmi les Mémoires de l'Académie: recueil qui est à la disposition d'un bien petit nombre de lecteurs.

Si, ayant choisi une grosse araignée de jardin prête à faire ses œufs, on applique le doigt sur une partie d'un de ses mamelons, en retirant le doigt on entraîne une quantité étonnante de fils séparés.

J'ai voulu examiner leur nombre en me servant d'un bon microscope, souvent j'en comptais plus de 70 ou 80 ; mais je voyais qu'il y en avait incomparablement davantage que je ne pouvais compter, quoique les fils que j'avais tirés n'eussent pour base qu'une petite partie du mamelon ; enfin quand je dirai qu'il n'y a pas de bout de mamelon qui ne puisse fournir mille fils (1), je dirai un nombre assez étonnant,

(1) On aura une idée de la fragilité * des fils de certaines araignées, quand on saura qu'il en faut au moins 90 pour avoir un fil égal en force à celui du ver à soie, et plus de 18000 pour obtenir un fil à coudre aussi fort que ceux des fils de ces vers. Le savant Leeuwenhoeck (pour faire comprendre jusqu'où allait la finesse du fil des plus petites espèces d'araignées) calcula qu'il faudrait en réunir plusieurs milliers pour égaler l'épaisseur d'un poil de barbe. Ce phénomène est certes le plus curieux qu'on ait jamais observé pour constater l'extrême divisibilité des corps.

* C'est cette extrême fragilité qui a fait abandonner le projet que l'on avait conçu d'utiliser ces fils comme ceux du ver à soie.

mais qui me paraît trop petit pour exprimer le
nombre de ces fils ; on le pensera comme moi,
si l'on veut se donner la peine d'examiner avec
un excellent microscope le bout d'un mamelon
d'une araignée de maison. Dans ce vilain insecte,
on verra une partie d'une structure fort jolie ;
le bout de ce mamelon est divisé en une infinité
de petites convexités plus petites, mais disposées
à peu près de la même manière que le sont les
convexités des cornées des yeux des papillons
ou des mouches. Chaque convexité sert ici sans
doute pour un fil différent, ou plutôt il y a
apparence que chaque petit creux qui est entre
les convexités est percé par un trou qui donne
passage à un fil ; les petites élévations empêchent
apparemment que les fils ne se joignent à leur
sortie ; ces petites convexités ne sont pas si
sensibles sur le bout des mamelons des araignées
de jardin ; mais on y aperçoit une forêt de petits
poils qui servent apparemment aux mêmes usages
que les convexités précédentes ; je veux dire
qu'ils séparent de même les fils les uns des autres.
Quoi qu'il en soit, il paraît certain que de chaque

mamelon d'araignée, il peut sortir des fils par
plus de mille endroits différents : de sorte que
l'araignée ayant six mamelons, elle a des trous
pour donner passage à 6 000 fils. La nature
n'a pas borné son travail à percer ces trous d'une
petitesse immense ; les fils sont déjà formés
lorsqu'ils arrivent au mamelon, ils ont chacun
leur petite gaine particulière. On les trouve
formés et séparés les uns des autres assez loin
de l'origine des mamelons ; mais pour mieux
comprendre toute cette admirable mécanique,
il nous faut remonter presque à la source de
la liqueur dont les araignées les composent.

Nous avons cru devoir nous dispenser de
reproduire les moyens employés par Réaumur pour arriver à ce but. Voici seulement le
résultat de ses recherches : La soie subit une
première élaboration dans deux petits réservoirs ayant la figure d'une larme de verre, placés obliquement, un de chaque côté, à la base
de six autres réservoirs, en forme d'intestins,

situés les uns à côté des autres, recoudés six ou sept fois, partant un peu au-dessous de l'origine du ventre, et venant aboutir aux mamelons par un filet très-mince. C'est dans ces derniers vaisseaux que la soie acquiert plus de consistance et les autres qualités qui lui sont propres ; ils communiquent aux précédents par des branches, formant un grand nombre de coudes et ensuite divers lacis.

Mais comment la liqueur s'assemble-t-elle dans les larmes ? Comment des larmes passe-t-elle dans les grands réservoirs ? elle a apparemment des routes que nos yeux ne peuvent apercevoir. Le célèbre Malpighi, tout clair-voyant qu'il était, quand il nous a donné l'anatomie du ver à soie, s'est contenté de décrire le vaisseau où s'assemble la liqueur d'où les vers tirent la soie ; il ne nous a expliqué ni la route par laquelle cette liqueur y entre, ni même, exactement parlant, la route par laquelle elle en sort. Que pouvons-nous faire dans un

insecte plus petit que le ver à soie et où la nature
a employé 6 ou 7 000 fois plus de parties.
Contentons - nous de faire quelques réflexions
sur la prodigieuse ductilité de la matière dont
leurs fils sont composés, et sur la prodigieuse
finesse des trous par où ils passent, et des
tuyaux où ils se moulent. Nous avons dit, et
nous n'avons pas craint de trop dire, que du
bout de chaque mamelon il en peut sortir plus
de 1 000 fils. Ce bout de mamelon n'a pourtant
pas plus de diamètre qu'une petite épingle, et
les trous sont nécessairement séparés les uns
des autres par des intervalles qui doivent être
beaucoup plus grands que les trous mêmes.
Mais nous ne considérons encore que les plus
grosses araignées ; si nous examinons les araignées naissantes produites par celles-ci, nous
verrons qu'elles ne sont pas plutôt sorties de
la coque de leur œuf, qu'elles filent. A la vérité,
leurs fils ne sauraient guère être aperçus, mais
on voit fort bien les toiles qu'elles en forment ;
souvent elles sont aussi épaisses que celles des
araignées de maison ; et cela, parce que 4 à

500 petites araignées concourent ensemble à ce même ouvrage.

Quelle est alors la petitesse des trous de leurs filières ? c'est où l'imagination ne peut aller : à peine pourra-t-elle se représenter la petitesse de chacun de leurs mamelons. Ces araignées entières sont peut-être moins grosses que ne l'est un mamelon de celle qui leur a donné naissance, il est aisé de le voir ; chaque grosse araignée fait 4 à 500 œufs ; ces œufs sont enveloppés d'une coque, et dès-lors que les petites araignées ont rongé cette coque, elles commencent à filer. Combien sont donc déliés chacun des fils qui sortent de leurs mamelons ? Il serait inutile de faire voir que la nature sait encore pousser beaucoup plus loin la ductilité de cette matière. Nous pourrions pourtant le montrer. Certaines araignées sont si petites à leur naissance, qu'on ne saurait les distinguer sans le secours du microscope ; elles sont alors rouges, et comme elles sont jointes une infinité ensemble, elles ne paraissent à la vue simple que comme diverses traînées de points rouges ; cependant sous ces araignées presque imperceptibles, il se forme des toiles ; elles filent donc ? (1) Mais quelle est la ténuité des fils qui sortent de chacun des trous de leurs mamelons ? Un cheveu doit être plus gros comparé avec ces fils, que le lingot le plus gros n'est gros par rapport au fil d'argent. Enfin ces fils qui se soutiennent cependant, ont moins de diamètre que n'a d'épaisseur la légère couche d'or qui couvre l'argent le plus étendu. Ils sont certainement des ouvrages étonnants ; aussi sont-ils des ouvrages du grand maître.

La matière dont sont formés les fils de soie, est, comme nous l'avons dit, une matière visqueuse. Les larmes sont les premiers ré-servoirs où on la trouve assemblée, et ceux

(1) Les détails dans lesquels Réaumur vient d'entrer pour bien nous faire comprendre tout ce qu'il doit y avoir de merveilleux dans l'organisation des filières des plus petites araignées, peuvent servir de modèle. Quand on se livre à l'étude philosophique des insectes (lorsqu'il y a analogie dans l'organisation des parties principales), la meilleure marche à suivre est de juger les organes qui sont trop petits pour être étudiés, d'après ceux dont on peut faire l'examen.

où elle a le moins de consistance : elle en a beaucoup plus dans les six grands réservoirs où les canaux des précédents la portent ; elle en acquiert, en chemin faisant ; une partie de l'humidité ou de la liqueur aqueuse qui y était mêlée, s'en dissipe pendant sa route, ou en est séparée par des parties destinées à cet usage.

Enfin cette liqueur en allant aux mamelons par des tuyaux particuliers, se sèche encore davantage, elle devient fil au sortir de la filière, ces fils sont cependant encore gluants ; ceux qui sont sortis de différents trous se collent ensemble à quelque distance de là. Cette matière n'est parfaitement sèche que lorsque le reste de l'humidité s'est évaporée à l'air.

Ce curieux Mémoire a fait naître en nous quelques réflexions sur la soie donnée aux insectes, soit pour tendre des piéges, ainsi que le font les araignées ; soit pour construire une habitation, ainsi que le pratiquent les

différentes espèces de chenilles qui filent :
la soie possède trois qualités qui étaient in-
dispensables pour l'usage que ces insectes
en font. Elle se sèche dans un instant; une
fois desséchée, elle ne peut plus être ramollie
par l'eau, ni par d'autres liquides, ni même
par la chaleur; c'est la réunion de ces trois
précieuses qualités qui fait que cette liqueur
remplit parfaitement le but que la nature lui
a assigné ; car si la première lui manquait,
les fils se rompraient presque aussitôt après
leur sortie de la filière, ou ces fils dévidés
les uns sur les autres se colleraient et for-
meraient une espèce de pâte molle que l'insecte ne pourrait employer. Les deux autres
qualités n'étaient pas moins essentielles; car
si ces fils eussent pu se dissoudre ou même
s'amollir à l'eau ou à la chaleur, ils devenaient
également inutiles à la chenille (1).

(1) Ce sont également ces propriétés réunies qui ont fait
des fils des vers à soie une source de richesses pour des
populations entières. Si nous joignons, aux admirables

LES ARACHNIDES PULMONAIRES.

Les mœurs de ces insectes sont extrêmement curieuses : quelques exemples que
nous avons choisis, prouveront qu'ils doivent exciter notre admiration, par la sagacité
surprenante qu'ils déploient pour surprendre
leur proie, et par l'instinct merveilleux dont
ils font preuve pour choisir l'endroit le plus
convenable au but qu'ils se proposent. Puissent les personnes qui ne voient les araignées

propriétés que possède la soie, toutes les merveilles que
nous venons d'observer dans les filières des araignées;
si, pour ne rien en oublier, nous nous représentons, par
la pensée, ces milliers de fils sortant des mamelons d'une
araignée, moins grosse qu'un grain de sable; chacun de
ces fils sortant d'une gaîne particulière; une infinité de
petites convexités ou une forêt de poils disposés sur les
mamelons, de manière à ce que ces fils, encore humides
en sortant des petits creux formés entre ces convexités
ou ces poils, ne se joignent pas entre eux, il n'est guère
possible, à la vue d'un tableau aussi sublime, de penser
que toutes ces parties si bien combinées, si régulièrement
reproduites de génération en génération, soient réunies
par hasard : un sublime architecte doit être le seul auteur
de toutes ces merveilles.

qu'avec effroi et dégoût, s'affranchir un instant de leur préjugé et donner toute leur attention à cette lecture !

Les Mygales, famille des *Fileuses*. — Ces
industrieuses araignées se creusent, dans les lieux
secs et montueux situés au midi, des galeries
souterraines en forme de boyau, ayant souvent
60 à 70 centimètres de profondeur (1). Elles
construisent à leur entrée, avec de la terre ou
de la soie, un opercule mobile fixé par une
charnière, et qui ferme l'habitation ; il forme
ainsi une trappe, dont l'extérieur se distingue
difficilement du terrain environnant, précaution
essentielle pour éviter l'ennemi. Sa face intérieure est revêtue d'une couche soyeuse, à laquelle l'araignée s'accroche pour attirer à elle
cette véritable porte et empêcher qu'on ne l'ouvre.

(1) La nature, ainsi qu'elle le fait toujours, quand elle
a imposé à un animal un travail particulier, a donné à
ces araignées des outils nécessaires : elles ont à l'extrémité
supérieure du premier article des antennes-pinces, une
série d'épines articulées et mobiles à leur base, formant
une sorte de râteau.

A tant de soins et de travaux pour cacher et fermer leur demeure, ces petits animaux joignent encore une adresse et une force surprenantes pour empêcher qu'on en ouvre la porte. Voici un fait qui servira de preuve, et dont M. l'abbé Sauvages a été témoin oculaire : cet observateur ayant découvert une de ces habitations, n'eut rien de plus pressé que d'enfoncer une épingle sous la porte pour la soulever ; étonné d'éprouver de la résistance, il remarqua que c'était l'araignée qui retenait cette porte avec force. Alors il l'entrouvrit, et vit l'intrépide insecte, le corps renversé, accroché par les jambes, d'un côté aux parois de l'entrée du trou, de l'autre, à la toile qui recouvre le derrière de la porte. Dans cette attitude, qui augmentait singulièrement ses forces, l'araignée tirait la porte à elle le plus qu'elle pouvait, pendant que M. Sauvages tirait également de son côté, de façon que la porte s'ouvrait et se fermait alternativement. L'araignée ne lâcha prise que lorsque M. Sauvages eut entièrement soulevé la trappe ; alors elle se réfugia au fond de sa retraite.

M. l'abbé Sauvages, ayant observé que dès que cette gardienne vigilante entend le moindre bruit, elle arrive à sa porte, a pensé que la promptitude qu'elle mettait à y arriver ne pouvait se concevoir qu'en admettant que, du fond de sa demeure, elle sent ou connaît tout ce qui se passe vers l'entrée, par le moyen de la toile qui la tapisse.

OBSERVATION. Ajoutons que tout est si bien prévu pour la construction de cette demeure, que nous ne pouvons comprendre ces ingénieux travaux qu'en admettant chez ces insectes, comme chez beaucoup d'autres dont nous parlerons par la suite, une certaine combinaison d'idées. D'abord un terrain en pente est choisi, pour que l'eau de la pluie ne puisse pas s'y arrêter ; ensuite l'opercule ou trappe a une forme parfaitement adaptée à l'ouverture ; son inclinaison, son poids et la situation de la charnière qui est placée à la partie supérieure, tout est tellement disposé qu'elle ferme d'elle-même, et hermétiquement, l'entrée de cette curieuse habitation, que nous sommes portés à croire unique chez les insectes, surtout si nous admettons comme exactes les observations suivantes transmises par des naturalistes dignes de foi : ils assurent que la trappe est formée de différentes couches de terre détrempées et liées entr'elles par des fils, pour empêcher que ses parties ne se séparent, et que l'entrée forme, par son évasement, une espèce de feuillure contre laquelle la porte vient battre ; ils ajoutent qu'elle n'a que le jeu nécessaire pour y entrer ; qu'enfin tout a été fabriqué avec une telle précision, qu'il semblerait que l'araignée a eu un compas à sa disposition.

Les Araignées proprement dites. — Les unes font des toiles perpendiculaires artistement travaillées : ce sont celles des jardins. Celles que l'on rencontre dans nos habitations font des toiles horizontales très-serrées qu'elles placent, comme chacun le sait, dans les angles des murailles et des fenêtres (1).

(1) N'oublions pas de mentionner ici le singulier usage que font de leurs fils certaines araignées ; elles s'en fabriquent des espèces de voitures qui leur servent pour faire des voyages de long cours, et pour se transporter d'un pays à l'autre. Il est peu de personnes qui n'aient vu,

Afin que l'on connaisse à peu près tous les ouvrages que peuvent faire ces insectes avec leurs admirables filières, nous allons donner une idée des moyens que les araignées des jardins emploient pour faire leurs toiles qui servent à enlacer la proie dont elles se nourrissent. Si elles désirent les construire entre deux arbres séparés l'un de l'autre par un fossé, elles se mettent au bout de quelque branche, s'y tiennent fermes sur leurs six pattes de devant, et avec les deux pattes postérieures tirent de leurs mamelons un fil assez long qu'elles laissent flotter en l'air. Ce fil étant poussé par le vent contre quelque corps solide, s'y colle de suite. L'araignée le tire à elle pour s'assurer s'il est attaché : dès qu'elle en est convaincue par la résistance qu'elle éprouve, elle le colle en le bandant à l'endroit où elle est. Ce premier fil lui sert de pont de communication ; elle le triple pour le

dans certains temps de l'année, voltiger dans les airs quantité de gros fils et de flocons de toile de ces insectes. Eh bien ! ce sont des araignées qui se sont fabriqué ces fils pour pouvoir voler sans ailes, et se transporter facilement dans un autre climat !

rendre plus solide ; ensuite elle en file plusieurs autres perpendiculaires et obliques qu'elle a le soin d'attacher solidement à différentes branches, et elle ramène les bouts à un centre commun. Cette toile terminée, l'araignée se tient au milieu pour attendre sa proie, et si elle quitte cette place, ce n'est que pour se rendre sous quelque feuille qu'elle garnit d'une toile, et à laquelle des fils aboutissent toujours, afin que le moindre mouvement la prévienne qu'il y a du gibier tombé dans ses filets. Quand l'insecte pris, peut lui résister, elle a soin de l'enlacer avec des fils pour le mettre hors d'état de se défendre ; ensuite elle l'attache à son derrière, l'emporte dans son repaire, et le mange à son aise. Si l'insecte qui est tombé dans sa toile est trop gros pour qu'elle puisse espérer le tuer, elle l'aide prudemment à se dégager en rompant les fils qui l'arrêtent ; elle raccommode ensuite, avec soin, les endroits qui sont déchirés.

Les ARGYRONÈTES, *Araignée aquatique.* — S'il est un insecte qui mérite de fixer notre attention, c'est assurément celui-ci. L'existence d'un être qui vit au fond des eaux, entouré d'une atmosphère artificielle qu'il sait se préparer, est une existence assez bizarre pour que nous cherchions à la connaître le mieux possible. Voici ce que l'on en sait de plus positif :

Cette araignée se file dans l'eau une coque ovale et assez serrée pour qu'elle puisse contenir de l'air, et l'assujettit ensuite, par le moyen de quelques fils, à des brins d'herbe ; puis, placée en supination, elle monte à la surface de l'eau, élève son ventre au-dessus de ce liquide, et le retire avec prestesse : par ce mouvement, elle entraîne avec lui une forte bulle d'air dont il est couvert (1) ; elle descend jusqu'à sa coque, dans laquelle elle laisse une partie de cette bulle d'air qui s'y attache. Elle répète cette habile manœuvre jusqu'à ce qu'elle ait formé un petit édifice aérien assez vaste pour se loger commodément avec son butin (2).

(1) On explique ce phénomène par la présence d'un duvet très-court qui empêche l'eau de le mouiller ; l'air s'y attache et forme à la surface une couche que l'araignée, en plongeant avec promptitude, peut entraîner avec lui.

(2) On comprend que la coque étant percée, l'eau a

Les malheureux insectes qu'elle saisit sont emportés dans cette cloche pour les dévorer. Quelquefois elle sort de l'eau pour aller à la chasse des insectes sur terre ; et quand elle en a pris, elle y rentre. Elle poursuit également les insectes aquatiques.

Sa ponte se fait dans la cloche ou coque.

ARACHNIDES TRACHÉENNES.

Les Mites, famille des *Holètres*. — La plupart des espèces n'excèdent pas la grosseur d'un grain de sable ; leur corps est entièrement couvert de longs poils. Le baron Degéer assure avoir vu très-distinctement l'insecte les mouvoir de côté et d'autre (1).

dû y pénétrer ; aussi l'araignée ne jouit-elle de son petit édifice aérien, qu'après avoir déplacé entièrement l'eau qui y est entrée, par le moyen de l'air qu'elle y introduit graduellement.

(1) Bien qu'il s'agisse ici d'insectes qui compromettent souvent notre santé, et altèrent nos aliments, nous ne pouvons nous défendre d'admirer leur organisation ; car ces êtres presque invisibles à l'œil, sont cependant composés d'une multitude d'organes ; les muscles seuls doivent être en nombre prodigieux, puisque chaque poil dont le

Les Iules, ordre des *Myriapodes*, famille des *Chilognathes*. — Ces curieux insectes ont jusqu'à 200 pattes, et ce qu'il y a de plus singulier, c'est que Degéer, notre Réaumur suédois, assure qu'en sortant de l'œuf ils n'en ont que 6, et qu'ils ne les acquièrent toutes qu'à mesure qu'ils croissent, et en changeant de peau.

Les Podures, ordre des *Thysanoures*. — Ce sont de très-petits insectes qui, réunis en sociétés nombreuses, ressemblent de loin à un petit tas de poudre à canon. Ils sautent parfaitement à l'aide d'une queue fléchie en avant sous le ventre, dans l'état de repos, et admirablement disposée pour cela ; c'est en débandant subitement cette queue que ces petits animaux s'élancent.

Observation. La description que nous allons faire du mécanisme de cette queue, prouvera deux choses ; l'une, que l'auteur de la nature sait varier à sa volonté ses moyens pour arriver

corps est hérissé, en a un qui lui donne le mouvement. Quelle doit donc être la ténuité incompréhensible de toutes les autres parties qui, réunies, forment un tout imperceptible à notre vue !

au même but ; car rien ne l'empêchait de faire sauter ces insectes, ainsi que beaucoup d'autres, par le moyen des pattes de derrière ; l'autre, qu'il ne lui en coûte rien de compliquer l'organisation des plus petits êtres : la queue est attachée au ventre à quelque distance de son extrémité, elle est élastique et composée d'une pièce inférieure, mobile à sa base, au bout de laquelle s'articulent deux tiges, susceptibles de se rapprocher, de s'écarter ou de se croiser, et qui sont les dents de la fourche. Lorsque l'insecte ne s'en sert pas, elle est courbée en-dessous du corps, et reçue dans une espèce de rainure, au milieu de laquelle est un petit bouton, dont la tête se trouve prise entre les deux branches de la queue, et sert à la retenir dans la rainure. Ce mécanisme, si compliqué est renfermé dans un espace qui n'a pas même un demi-millimètre de longueur. Nous serions curieux devoir par quel argument les partisans du système de M. de Lamarck (1), expliqueraient comment

(1) V. le système de M. de Lamarck, t. II, p. 228.

les circonstances, les lieux et la nourriture pourraient former le bouton qui retient cette petite queue et la rainure si bien disposée pour la recevoir.

Les Poux, ordre des *Parasites*. — On a calculé qu'un seul individu de ce genre pouvait produire en deux mois 18000 petits ; cette fécondité qui a quelque chose d'incompréhensible peut expliquer comment, dans certains cas, ces insectes déterminent dans l'homme une maladie quelquefois mortelle, nommée *pédiculaire*.

Les Puces, ordre des *Suceurs*. — Nous les mentionnons ici comme des insectes sauteurs du premier ordre ; sous ce rapport aucun animal ne peut leur être comparé. On peut dire que la force musculaire de la puce est prodigieuse ; car on a calculé qu'elle sautait à une hauteur égale à deux cents fois celle de son propre corps.

Les Cicindèles, ordre des *Coléoptères*, famille des *Carnassiers*. — Ces insectes que leur voracité a fait regarder comme les tigres de cette classe, sont très-jolis ; leur corps est ordinairement d'un vert plus ou moins foncé, mélangé de couleurs métalliques très-brillantes, avec des taches blanches sur les étuis. Ils sont très-légers à la course et au vol. Leurs larves se creusent dans la terre un trou cylindrique, qui a environ cinquante centimètres de profondeur ; c'est à l'aide de leurs mandibules et de leurs pieds que la nature a admirablement organisés pour ce travail, que ces petits insectes peuvent exécuter un ouvrage aussi prodigieux.

Pour déblayer ce trou, ces larves font preuve d'un instinct, ou plutôt d'une intelligence bien remarquable ; elles chargent le dessus de leur tête, qui est en forme de petite corbeille, des molécules de terre qu'elles ont détachées, se retournent, grimpent peu à peu, se reposent par intervalles (comme un malheureux savoyard qui monte dans une cheminée) en se cramponnant aux parois intérieures de leur habitation, à l'aide de deux mamelons à crochets courbés et très-pointus, qu'elles ont sur leur dos ; et lorsqu'elles sont arrivées à l'orifice du trou, elles jettent leur fardeau à une distance considérable. Après avoir terminé son trou, l'insecte s'établit

à l'entrée de sa tanière pour y guetter sa proie.
Cette ouverture est entièrement bouchée et mise
de niveau avec la terre environnante, par sa
tête et le premier anneau de son corps, qui est
recouvert, *ad hoc,* d'une plaque écailleuse.
C'est encore à l'aide des précieux crochets de
son dos, dilatés et poussés en avant, qu'il
peut garder cette position qui serait plus que
pénible sans ces utiles instruments. Aussitôt
qu'un insecte se présente, il le saisit avec ses
mandibules et le précipite au fond du trou, en
inclinant sa tête brusquement et par un mouvement de bascule.

OBSERVATION. N'aurait-on à opposer au système de M. de Lamarck que les cicindèles qui
représentent le principal type des insectes carnassiers, la curieuse organisation de ces insectes,
si bien appropriée à leur genre de vie suffirait
pour renverser ce système. Nous allons mettre
sous les yeux du lecteur seulement les principaux caractères extérieurs des cicindèles, et
nous le laisserons juge de cette question : une
bouche munie de 6 palpes, des mâchoires ter-

minées par un onglet mobile, en griffe, ou crochue, avec le côté intérieur garni de petites épines ; les palpes labiaux grands, et toujours hérissés en dedans de longs poils raides, qui servent à retenir la proie et à la présenter aux mâchoires ; une tête forte, avec de gros yeux ; des pattes parfaitement organisées pour la course, et des ailes pour le vol. Nous ajouterons à ces caractères le dessus de la tête des larves qui est en forme de petite corbeille, les mamelons à crochets du dos que l'insecte fait rentrer ou sortir à sa volonté, et le premier anneau qui est recouvert d'une plaque écailleuse élargie. Si, pour nous rapprocher des idées du savant auteur de ce système, nous lui accordons que les mâchoires se sont développées, par suite des efforts faits par les cicindèles pour étreindre leur proie, comment expliquer l'onglet mobile, qui est *articulé* à leur extrémité, les épines qui garnissent leur intérieur, et les poils raides des palpes labiaux ; toutes ces pièces ne concourent-elles pas à rendre plus facile la capture de la proie ? Si nous concédons que la tête des larves,

par suite de la pression exercée par les terres
qu'elles transportent, soit devenue concave ;
comment comprendre qu'il soit venu au dos de
ces larves, non-seulement des mamelons (ce
que, d'après le système précité, on pourrait à la
rigueur expliquer), mais des crochets ? N'est-il
pas évident que tous ces organes ont été accordés
à ces insectes, pour qu'ils puissent exécuter les
travaux auxquels la nature les a destinés ?

Les Carabes, les Aptines tirailleurs, les
Brachines pétard, pistolet et bombarde,
jouissent de la faculté de lancer par l'anus une
liqueur caustique, qui fait explosion et se va-
porise aussitôt.

Observation. Nous avons mentionné ces insectes qui, n'auraient-ils de remarquable que
ce pouvoir de lancer une liqueur brûlante,
doivent exciter notre intérêt ; car il est évident
que la nature leur a accordé cette faculté pour
qu'ils puissent se défendre contre leurs ennemis.
Il est à remarquer qu'ils peuvent réitérer l'explosion un assez grand nombre de fois : on a
vu le *Brachine crépitant* renouveler jusqu'à

vingt fois ses décharges odoriférantes contre un *Calosome inquisiteur*, qui est un des plus gros coléoptères carnassiers.

Les Dytiques. — Ces coléoptères nagent avec beaucoup de vitesse, à l'aide de leurs pieds garnis de franges de longs poils. Dans la plupart des mâles, les quatre tarses antérieurs ont leurs trois premiers articles élargis et spongieux en-dessous ; ceux de la première paire sont surtout très-remarquables dans les grandes espèces ; ces trois articles y forment une grande palette, dont la surface inférieure est couverte de petits corps, les uns en papilles, les autres plus grands en forme de godets ou de suçoirs (1).

(1) Les mâles d'un grand nombre de coléoptères terrestres, ont sous les articles de leurs tarses de petites lamelles disposées en séries transversales et placées sur deux rangs, ou ont ces articles garnis de poils très-serrés. Aucune de ces dispositions n'était convenable pour des insectes aquatiques, car l'eau eût passé entre les petites lamelles, ou, s'attachant aux sortes de brosses formées par les poils, elle en aurait empêché l'action. C'est pourquoi l'auteur de la nature, dont la sagesse a tout prévu, a donné aux mâles des espèces qui vivent dans l'eau, des espèces de ventouses qui, s'appliquant avec force sur la surface très-glissante du corps de la femelle, peuvent la

Leurs larves se suspendent à la surface de l'eau au moyen des deux appendices latéraux du bout de leur queue, et qu'elles tiennent à sec. Lorsque le temps de leur transformation est venu, elles quittent l'eau, gagnent le rivage et s'enfoncent dans la terre humide.

Les Gyrins. — Ces insectes, qui brillent comme des perles d'acier, sont appelés aussi Tourniquets, parce qu'ils jouent à la surface des eaux en décrivant mille cercles entrelacés. Ils ont les deux premiers pieds longs pour saisir leur proie, et les quatre derniers très-comprimés, larges et en nageoires, leur servent d'avirons. La disposition de leurs yeux, qui sont placés en-dessus et en-dessous de la tête, leur donne la faculté de guetter leur proie sous l'eau, et de voir en même temps l'ennemi qui les menace en dehors. Aussi se dérobent-ils, en plongeant avec une rapidité étonnante, à la main qui veut les saisir ! Leurs larves vivent dans l'eau et en

retenir à leur gré. Il est encore certain, selon nous, qu'aucune circonstance n'aurait pu former ces sortes de cupules, et que ce sont des organes créés *ad hoc*.

sortent pour passer à l'état de nymphe. Elles forment, avec une matière qu'elles tirent de leurs corps, une petite coque qu'elles fixent aux feuilles de roseau et où elles s'enferment. Remarquons en passant que cet instinct toujours accordé aux larves des insectes, de savoir dans quels lieux elles doivent se retirer pour leur métamorphose, ne les trompe jamais.

Les Hannetons. O. des *Coléoptères*, F. des *Lamellicornes*. — Nous n'avons rien à dire sur les mœurs de ces insectes ; elles n'offrent rien de remarquable ; mais nous saisissons avec empressement l'occasion qui se présente de signaler à nos lecteurs l'excellent ouvrage de M. Straus (1). L'anatomie descriptive du hanneton a placé ce savant en tête des naturalistes modernes ; il s'est montré aussi habile à manier le crayon du des-- sinateur que le scalpel de l'anatomiste : ses admirables planches sont au-dessus de tout éloge.

(1) Cet ouvrage, qui a été couronné par l'Institut, doit être envisagé, non pas comme étant applicable au hanneton seul, mais comme offrant un exemple de la merveilleuse complication d'organes qu'on ne saurait trop admirer dans la plupart des insectes arrivés à l'état parfait.

M. Straus a fait l'anatomie complète du hanneton; il a choisi cet insecte, connu de tout le monde, comme type des coléoptères. Cet habile anatomiste a trouvé dans le corps d'un chétif hanneton, 306 pièces dures servant d'enveloppe (1); 494 muscles propres à les mouvoir; 24 paires de nerfs pour les animer, toutes divisées en des filets innombrables; 48 paires de trachées non moins divisées pour porter l'air et la vie dans cet inextricable tissu, et environ 17640 yeux. Nous n'avons pas à nous occuper ici de l'organisation de toutes ces parties; les détails que nous en avons donnés en parlant du ver à soie doivent suffire; mais nous ne pouvons nous empêcher de parler de la mystérieuse transformation qui nous a paru la plus frappante

(1) Dix espèces d'articulations ont été employées par le sublime architecte pour unir ces 306 pièces les unes aux autres, et faire mouvoir celles qui doivent être mues quand l'insecte le veut; savoir : 1° la suture; 2° l'adhérence; 3° la symphyse; 4° l'articulation linéaire; 5° la syndesmoïdale; 6° l'écailleuse; 7° la cotyloïdienne des orbiculaires ou l'articulation par tête; 8° l'articulation à têtes disjointes; 9° en charnière; 10° l'articulation qui donne le mouvement par flexion.

de toutes celles observées chez les insectes. C'est, selon nous, celle qui milite le plus en faveur des causes finales.

Nous avons trouvé seulement des trachées tubulaires ou élastiques sur les chenilles ; c'est-à-dire des trachées représentant des tubes divisés en ramifications décroissantes, maintenus ouverts jusqu'à leurs extrémités par un filet élastique roulé en spirale, et recevant l'air par l'ouverture des stigmates ; ces trachées, merveilleusement organisées, se retrouvent encore chez les larves (vers) des hannetons, et parmi les insectes qui vivent dans l'air, mais seulement chez ceux dont le corps présente beaucoup de surface et peu d'épaisseur. Ici, comme toujours, la nature a été conséquente ; les larves ne volant pas, et les insectes dont nous venons de parler étant légers, elle n'avait rien à changer à ces admirables trachées ; il suffisait qu'elles fussent construites de manière à être constamment ouvertes pour entretenir la respiration. Mais chez le hanneton et les insectes dont le corps est épais et lourd, dont les téguments sont compacts, le système musculaire bien développé, les trachées tubulaires ne pouvaient plus convenir pour exercer un vol étendu. Eh bien! cette prévoyante et sage nature a donné à ces insectes d'autres trachées. Dans le passage de l'état de larve à celui d'insecte parfait, passage où tout est mystère, les trachées tubulaires qui présentent un si ravissant spectacle dans les larves, par la prodigieuse quantité de branches qu'elles jettent, par les divisions, les sous-divisions de ces branches et leur entrelacement avec d'autres, tout cela disparaît pour faire place à des trachées utriculaires ou membraneuses, c'est-à-dire à des trachées dépourvues du filet élastique, mais d'une texture uniformément membraneuse, et munies de *poches* plus ou moins développées que ces insectes peuvent gonfler ou abaisser à volonté; de sorte qu'indépendamment des fonctions respiratoires, ces trachées ont aussi pour but de diminuer la pesanteur spécifique des corps qui ont besoin d'une grande force musculaire pour voler longtemps.

Les Buprestes, famille des *Serricornes.* —

Ces insectes sont remarquables par la grandeur de leur taille ; nous les citons surtout à cause de la beauté de leur parure. L'éclat de l'or poli brille chez les uns sur un fond d'émeraude, et chez d'autres, l'azur brille sur l'or, où sont réunies plusieurs autres couleurs métalliques éclatantes. Aussi Geoffroy leur a-t-il donné le nom de *Richards*.

OBSERVATION. Ces insectes, qui se tiennent sur certains arbustes, prévoient le danger d'assez loin ; ils s'y soustraient en se laissant tomber à terre pour se cacher dans l'herbe.

LES TAUPINS. On les nomme aussi SCARABÉES A RESSORT. — Couchés sur le dos, et ne pouvant se relever à cause de la brièveté de leurs pieds, ils sautent et s'élèvent perpendiculairement en l'air jusqu'à ce qu'ils retombent dans leur position naturelle ou sur leurs pieds. On va voir que ces insectes sont admirablement constitués pour ce saut. Quand ils veulent exécuter ces mouvements, ils serrent leurs pieds contre le dessous du corps, baissent intérieurement la tête et le corselet qui est très-mobile de haut en bas, puis rapprochant cette dernière partie de l'arrière-poitrine, ils poussent avec force une pointe qu'ils ont au presternum, contre le bord du trou situé en avant du mésosternum, où elle s'enfonce ensuite brusquement et comme par ressort. Le corselet avec les pointes latérales, la tête, le dessus des élytres, heurtant avec force contre le plan de position, concourent, par leur élasticité, à faire élever le corps en l'air (1).

Le Taupin-Cucujo (*Elater noctilucus*, Lin.) de l'Amérique méridionale, a une tache jaune, ronde, convexe, luisante, de chaque côté du corselet. Ces taches répandent pendant la nuit une lumière très-forte, et qui permet de lire l'écriture la plus fine, surtout si l'on réunit cinq à six de ces taupins dans un vase. Cette lumière est assez éclatante pour que des femmes puissent

(1) Chercher à expliquer pourquoi ces insectes n'ont pas été pourvus de jambes plus longues, afin de leur éviter des sauts pénibles, c'est un de ces mille *pourquoi* auxquels nous n'avons rien à répondre, si ce n'est que sans doute Dieu a voulu, en nous forçant à admirer ces organisations infiniment variées, nous donner une plus grande idée de son immense puissance.

l'utiliser pour faire leurs ouvrages ; elles placent aussi ces insectes, comme ornement, dans leur coiffure, lorsqu'elles se promènent le soir. Les Indiens les attachent à leur chaussure, afin de s'éclairer dans leurs voyages nocturnes.

Brown prétend que toutes les parties intérieures de l'insecte sont lumineuses, et qu'il a le pouvoir de suspendre à volonté sa propriété phosphorique, dont le principal réservoir est situé intérieurement à la jonction de l'abdomen avec le thorax.

Les Lampyres ont pour caractère particulier, lorsqu'on les saisit, de replier leurs antennes et leurs pieds contre le corps, et de ne faire pas plus de mouvements que s'ils étaient morts. Ils jouissent aussi de la singulière propriété d'éclairer la nuit ; aussi on les a nommés *vers luisants, mouches lumineuses*. On peut très-bien s'éclairer en réunissant quelques-uns de ces insectes. Comme ce sont surtout les femelles qui ont cet éclat phosphorique, on peut conclure que la nature (toujours si ingénieuse quand il s'agit d'inventer des moyens favorables à la multiplication de ses nombreuses créations) leur a donné cette propriété lumineuse pour attirer les individus de l'autre sexe.

OBSERVATION. Cette conclusion pouvant paraître un peu hasardée aux yeux des personnes peu disposées à croire à certaines causes finales, nous plaçons ici une partie de la savante explication que M. Morren, zoologiste très-instruit, a donnée de l'appareil lumineux de ces insectes ; cette explication le fera trouver sans doute assez admirable pour que l'on ne puisse pas supposer qu'il aurait été créé ainsi, sans un but d'utilité : l'appareil lumineux se compose de deux points placés sur l'avant-dernier segment abdominal ; chaque point lumineux consiste en une sorte de calotte cornée, transparente, qui recouvre une poche renfermant la matière lumineuse. La matière qu'elle contient ressemble à de l'albumine coagulée, et paraît granuleuse quand on l'écrase. Elle consiste en une foule de corpuscules ovoïdes ou sphériques, d'un beau violet ou d'un jaune rosé, différant beaucoup entre eux pour la grandeur, et ayant chacun leur enveloppe membraneuse propre, comme les vésicules du tissu graisseux. Une multitude prodigieuse de rameaux trachéens, d'une ténuité extrême, parcourent leur amas et leur enveloppe commune. La calotte cornée qui recouvre la matière phosphorique peut s'enlever comme une plaque. Sa face extérieure présente un réseau à mailles hexagonales. Chaque hexagone est convexe et porte à son centre un poil conique dirigé en arrière. Le reste de sa surface est simplement couvert de petites aspérités, et la face opposée, ou l'inférieure, est convexe et lisse. Chacun des points lumineux est ainsi composé d'une foule de facettes, et constitue un appareil absolument semblable à celui que Fresnel a inventé pour augmenter la diffusion de la lumière. On comprend, d'après cette explication, comment ce corps lumineux, malgré sa petitesse, jette tant d'éclat. Tout a été ménagé de manière à porter ce dernier au plus haut point : les facettes les plus grandes et les plus régulières occupent le centre de la plaque, et les plus petites sont placées sur les bords en décroissant régulièrement en grandeur. Les poils dont elles sont toutes munies, servent à empêcher la poussière de s'y attacher. Le stigmate voisin de la matière phosphorique étant fermé, la lumière s'éteint aussitôt ; ce phénomène a fait penser à plusieurs physiologistes qu'il se lie essentiellement à l'acte respiratoire, ce que, du reste, d'autres expériences ont confirmé.

Les Vrillettes. — Ces insectes, à l'état de larves, rongent nos meubles et nos livres; ils les percent de petits trous ronds, semblables à ceux que l'on ferait avec une vrille très-fine. Les deux sexes, pour s'appeler dans le temps de leurs amours, et se rapprocher l'un de l'autre, frappent, avec leurs mandibules, les boiseries où ils sont placés. Telle est la cause de ce bruit, semblable à celui du battement d'une montre que nous entendons souvent, et que des personnes superstitieuses ont nommé *l'horloge de la mort*. De Géer assure que la vrillette opiniâtre préfère se laisser brûler à petit feu plutôt que de donner le moindre signe de vie, lorsqu'en la tient.

Les Nécrophores, famille des *Clavicornes*. — L'instinct qu'ils ont d'enfouir les cadavres des taupes, des souris et autres petits quadrupèdes, les a fait nommer *Enterreurs*, *Porte-Morts*. Ils se glissent dessous, creusent la terre jusqu'à ce que la fosse soit assez profonde pour contenir le corps, et l'y font entrer peu à peu, en le tirant à eux ; ils y déposent leurs œufs, et leurs larves trouvent ainsi leur nourriture. Comme un exemple frappant de l'intelligence de ces insectes, Clairville rapporte avoir vu un nécrophore qui, voulant enterrer une souris morte, et trouvant trop dure la terre sur laquelle elle se trouvait, fut creuser, à quelques pas de là, un trou dans un terrain plus meuble. Ce travail terminé, il essaya d'enterrer le cadavre dans ce trou ; mais ne pouvant y réussir, il s'envola, et revint quelques minutes après, accompagné de quatre nécrophores qui l'aidèrent à transporter la souris et à l'enfouir.

A l'exemple de Clairville, nous ajoutons une observation faite par un témoin oculaire et digne de foi. Un naturaliste voulant faire dessécher

un crapaud, l'avait placé au sommet d'un bâton
planté en terre, afin d'éviter que les nécrophores
ne vinssent l'enlever; cette précaution fut inutile :
ces insectes, ne pouvant pas atteindre le crapaud,
eurent l'ingénieuse idée de creuser sous le bâton,
et, après l'avoir fait tomber, l'ensevelirent avec
le cadavre. Ces faits curieux, joints à tant d'autres, prouvent incontestablement, qu'abstraction
faite de l'instinct d'enterrer les corps de certains
petits animaux, les nécrophores sont encore évidemment doués d'une intelligence bien remarquable, puisque, dans le premier exemple cité,
un de ces insectes a pu faire connaître à ses con-
génères l'endroit où était placée la souris, leur
communiquer l'intention de l'enterrer ailleurs,
et la fosse qu'il lui avait déjà préparée; et dans
le second exemple, il y a eu nécessairement
une certaine combinaison d'idées chez ces insectes, dans le fait de creuser la terre pour faire
tomber le bâton.

Les Dermestes, nommés Disséqueurs, famille
des *Clavicornes.* — Ces insectes sont malheureusement trop connus par les ravages qu'ils font

dans les pelleteries et les cabinets d'histoire naturelle ; aussi nous n'en dirons rien de plus.

Les Byrrhes jouissent de la singulière faculté d'avoir les pieds parfaitement contractiles ; les jambes peuvent se replier sur les cuisses et les tarses sur les jambes, de sorte que l'animal semble, lorsque ces organes sont contractés et appliqués sur le dessous du corps, être absolument sans pattes et inanimé.

Les Dryops, qui doivent vivre dans la vase molle, sont merveilleusement habillés pour ce genre de vie ; ils sont revêtus entièrement, et sans en excepter les yeux, d'un duvet très-court et brillant, et sur lequel l'eau n'a point d'action. On les voit sortir de dessous la boue la plus sale avec une robe brillante de propreté.

Les Elmis. — Ces petits coléoptères, découverts au commencement de ce siècle, sont très-remarquables par la propriété singulière dont plusieurs d'entre eux sont doués de vivre dans les eaux courantes. C'est à l'aide de forts crochets recourbés que la nature leur a donnés, qu'ils parviennent à s'y maintenir.

Les **Macronyques**, découverts aussi depuis peu d'années, doivent à leurs longues pattes terminées par six paires d'ancres robustes, de pouvoir se maintenir dans les courants les plus rapides. On les trouve souvent accrochés, dans une attitude renversée, après des vieux bois immergés ou flottants. Lorsque ces insectes courent quelque danger, ils cachent leur tête, et même leurs antennes, dans leur corselet qui est organisé de manière à former une sorte de boîte. Cette singulière conformation du thorax existe aussi chez les dryops et les elmis.

Observation. Admirons encore, dans la structure toute particulière des pattes des elmis et des macronyques, la sage prévoyance de l'auteur de toutes choses ! Ayant refusé à ces insectes la faculté de nager, et les ayant cependant destinés à vivre au milieu des flots, ne fallait-il pas, pour qu'il fût conséquent au but de ses créations, qu'il eût pourvu à leur conservation ? Ces êtres si frêles n'auraient-ils pas péri, si leurs longues pattes, exposées continuellement aux vagues agitées, n'eussent pas été terminées par six paires d'ancres robustes qui leur donnent le pouvoir de résister aux naufrages ? (1).

Les Hydrophiles, F. des *Palpicornes*. — Organisés parfaitement pour nager, ils ont un instinct bien remarquable pour placer leurs œufs convenablement. Dans les petites espèces, ces œufs, réunis en une masse et enveloppés d'une matière soyeuse, sont placés sous le ventre de la mère, qui les porte avec elle jusqu'à ce qu'elle rencontre la tige de quelque plante aquatique. Grimpant alors sur la partie qui s'élève hors de l'eau, elle s'y accroche avec ses quatre premières pattes ; puis, détachant, avec les deux autres, la masse d'œufs que porte son ventre, elle la tient suspendue aux crochets de ses tarses, et la fixe

(1) M. Contarini, observateur italien, pense que ces insectes retiennent une petite bulle d'air à l'extrémité postérieure de leur corps ; que c'est en diminuant cette bulle d'air qu'ils se rendent plus lourds pour descendre au fond de l'eau, et que c'est en la grossissant qu'ils se rendent plus légers pour remonter à la surface. On voit, par cette dernière observation, que tout a été prévu pour que ces petits animaux pussent vivre dans l'eau sans courir plus de danger que d'autres insectes pourvus d'organes spéciaux pour la natation.

contre la tige de la plante qu'elle a sans doute enduite auparavant d'un liquide agglutinant.

Quand les œufs viennent à éclore, les larves tombent dans l'eau, et y restent jusqu'à l'époque de leur transformation en nymphe. Les grands hydrophiles, munis, comme les petits, de deux filières à l'extrémité de leur ventre, construisent, avec une soie très-blanche, une coque plus vaste, et qui est surmontée, sur un de ses côtés, d'une espèce de mât qui semble destiné à donner prise au vent, et à faire voguer la coque à la surface de l'eau, afin que les petites larves qui y sont renfermées, se trouvent à leur sortie dans l'élément qui leur convient. Les larves ont une tête qui peut se renverser en arrière. Cette faculté leur donne le moyen de saisir les petites coquilles qui nagent à la surface de l'eau. Leur dos leur sert de point d'appui, et c'est sur cette espèce de table qu'elles les cassent, et dévorent l'animal qu'elles renferment. Ces larves nagent avec facilité, et ont, au-dessous de l'anus, deux appendices charnus qui servent à les maintenir à la surface de l'eau, la tête en bas, lorsqu'elles y viennent respirer (1). La larve de l'*hydrophilus piceus*, quand on la saisit, devient subitement molle et flasque.

Les Scarabées (2), famille des *Lamellicornes*. — Ils enferment leurs œufs dans des boules de fiente semblables à de grandes pilules, ce qui leur a fait donner le nom de pilulaires. Ils les font rouler avec leurs pieds de derrière, et souvent de compagnie, jusqu'à ce qu'ils aient trouvé des trous propres à les recevoir, ou des lieux où ils puissent les enfouir.

Illiger rapporte un fait bien curieux, que nous nous empressons d'indiquer comme un exemple à ajouter à tant d'autres de l'intelligence accordée aux insectes : « Un scarabée pilulaire, en construisant la boule de fiente destinée à ren-

---

(1) Quelle prévoyante industrie dans ces petits habitants des eaux, dont la progéniture, enfermée dans ces cocons si ingénieusement faits, peut attendre, sans courir aucun danger, le moment de paraître au jour ! Quelle ingénieuse organisation accordée aux larves pour dévorer leur proie et vivre dans l'eau sans fatigue !

(2) Le scarabée sacré faisait partie du culte religieux des anciens Egyptiens et de leur écriture hiéroglyphique.

fermer ses œufs, la fit rouler dans un trou, d'où il s'efforça, pendant longtemps, de la tirer tout seul. Voyant qu'il perdait son temps en vains efforts, il courut à un tas de fumier voisin chercher trois individus de son espèce, qui, unissant leurs forces aux siennes, parvinrent à retirer la boule de la cavité où elle était tombée, puis retournèrent à leur fumier continuer leurs travaux. »

Quand on est témoin d'un pareil fait, peut-on se refuser à reconnaître l'intervention du raisonnement, et une sorte de langage muet accordé à ces animaux ?

Les Géotrupes stercoraires sont des insectes très-rusés ; au lieu de contracter leurs pattes comme les buprestes, ils les étalent, les raidissent, et ressemblent, dans cet état, à de véritables cadavres. Il reste à savoir jusqu'à quel point les oiseaux, dont la vue est si perçante, sont dupes de ces sortes de ruses.

Les Cétoines. — Ce genre est très-remarquable par les belles couleurs métalliques dont ces insectes sont revêtus.

Les Lucanes. — Le lucane cerf-volant est facile à reconnaître par ses énormes mandibules (1)
et sa grosseur. Les femelles sont désignées sous
le nom de *biches*.

On présume que la larve de cet insecte, qui
vit dans l'intérieur des chênes, et y passe plusieurs années avant de subir sa dernière transformation, est le *cossus* des Romains.

Cette larve, qui a la forme d'un ver, était
regardée par eux, dit-on, comme un mets délicat.

Les Blaps, famille des *Mélasomes*. — Ces
insectes secrètent une liqueur qu'ils lancent jusqu'à 25 à 30 centim. de distance. Cette liqueur
est d'une âcreté fort irritante, pour qu'ils se défendent, sans nul doute, de leurs ennemis.

Les femmes turques habitant l'Egypte, où le
blaps sillonné est très-commun, mangent cet
insecte, cuit dans du beurre, dans l'intention
de s'engraisser.

(1) La tête de cet insecte est beaucoup plus large que
le corselet, parce qu'il fallait que cette tête énorme fût
pourvue de muscles forts et nombreux, pour faire mouvoir
ces mandibules extraordinaires.

Les Ténébrions. — Celui de la farine, si commun dans les boulangeries, produit une larve d'un jaune d'ocre qui se donne aux rossignols. Le ténébrion géant, du Brésil, lance par l'anus, et à la distance d'environ 40 cent., une liqueur caustique; il y a même des espèces plus petites qui se recouvrent entièrement de cette liqueur.

Observation. Nous avons déjà fait remarquer que d'autres insectes jouissaient de cette singulière faculté; nous l'avons considérée comme un moyen de défense que la nature avait accordé à ces faibles animaux qui ont à lutter contre tant d'ennemis. Nous ajouterons ici que cela nous paraît d'autant plus certain, que cette liqueur brûlante n'est lancée que lorsque l'on saisit cet insecte; au reste, il ne nous est pas permis de supposer que celui qui ne doit avoir rien fait en vain, ait ajouté, sans un but d'utilité, un appareil sécrétoire très-compliqué à tant d'autres parties, qui entrent déjà dans la composition d'un chétif insecte.

Les Forficules, ordre des *Orthoptères*, famille des *Coureurs*. — Les forficules ou perce-

oreilles déposent leurs œufs en lieu de sûreté,
avec la pince qu'elles portent à leur extrémité
postérieure.

Voici un fait observé par le baron de Géer,
qui prouve que les femelles de ces insectes ont
une affection toute maternelle pour leur progéniture. Ce savant observateur ayant un jour enlevé
toute la couvée d'une forficule, et l'ayant dissé-
minée dans un vase qui renfermait de la terre, y
plaça en même temps la mère, dont la première
opération fut de recueillir, l'un après l'autre, tous
ses œufs, de les prendre avec ses mandibules, et
de les réunir en un tas sur lequel elle se plaça
aussitôt. Cet amour maternel est aussi prononcé
après l'éclosion des œufs ; les petits viennent alors
souvent se réfugier sous leur mère ; ils se placent
entre ses pattes et semblent vouloir se mettre à
l'abri du danger.

Les Blattes sont très-connues par le dégât
qu'elles font dans les cuisines. Les œufs de la
blatte orientale, au nombre de seize, sont renfermés symétriquement dans une coque ovale,
comprimée, solide, dentelée en scie sur un des

côtés. La femelle la porte à l'anus quelque temps, où elle fait une saillie, et la fixe ensuite, à l'aide d'une matière gommeuse, à divers corps. Dans les contrées du nord, ces insectes commettent de grands ravages ; des combats ont lieu entre eux pour le partage du butin, et l'on voit souvent, lorsqu'il y a des blattes chargées de provisions poursuivies par d'autres, arriver d'autres blattes qui les défendent jusqu'à ce qu'elles aient opéré leur retraite. Pendant la belle saison, les blattent de la Laponie émigrent par bandes dans les forêts, où elles sont guidées par des chefs.

OBSERVATION. Ce qui rend surtout les blattes intéressantes aux yeux de l'observateur, c'est la manière dont elles pondent leurs œufs. Elles les placent dans une capsule qui a presque la forme des fruits de quelques légumineuses ; chaque espèce adopte une forme particulière pour faire cette capsule, mais elle est toujours composée de deux pièces, que divisent à l'intérieur plusieurs compartiments, dans chacun desquels est placé un œuf.

Les blattes de nos pays ont à leurs capsules

une série de dentelures le long desquelles elles doivent s'ouvrir, lorsque les œufs seront éclos.

Payons encore un nouveau tribut d'admiration à celui qui, par une prévoyance toute maternelle, a donné aux petites larves des blattes le pouvoir de ramollir la capsule pour en sortir, à l'aide d'un liquide qu'elles dégorgent.

Les Mantes (1) sont souvent de la couleur des feuilles des plantes sur lesquelles elles vivent. Leurs œufs sont ordinairement renfermés dans une capsule de matière gommeuse, se durcissant à l'air, divisée intérieurement en plusieurs loges, tantôt sous la forme d'une coque ovale, tantôt sous celle d'une graine, avec des arêtes ou des angles hérissés même de petites épines. La fe-melle les colle sur des plantes ou sur d'autres corps élevés à la surface de la terre. Ces espèces saisissent leur proie avec leurs pieds antérieurs,

______

(1) La mante, *Prie-Dieu*, est ainsi nommée parce qu'elle relève et rapproche ses deux bras à la manière d'une personne suppliante.

Les Turcs ont même pour cet insecte un respect reli-gieux, et une autre espèce est encore plus vénérée chez les Hottentots.

très-longs et disposés à cet effet, qu'elles relèvent ou portent en avant, et dont elles replient avec promptitude les jambes contre le dessous des cuisses.

Nous ferons observer que toute l'organisation de ces insectes prouve qu'ils sont destinés à vivre de proie et de rapine : les crochets acérés dont leurs pattes antérieures sont armées, empêchent que les insectes qu'elles ont une fois pris, ne puissent s'en échapper ; un corselet fort long et très-mobile sur le reste du thorax, leur donne le pouvoir de s'élever ou de s'abaisser à volonté ; une tête verticale et dégagée par une sorte de cou, leur donne la facilité de faire des mouvements de rotation très-libres.

Les Phasmes ont le corps filiforme ou linéaire, semblable à un bâton, d'où leur vient le nom vulgaire de *Bâton ambulant*. Leurs œufs sont ornés de dessins, et se terminent à l'une des extrémités par un opercule aplati, dont les contours sont parfaitement lisses, et qui s'adapte exactement à une rainure pratiquée sur le corps même de l'œuf.

Observation. N'oublions pas que le petit qui doit en sortir, n'ayant pas d'organes destinés à percer les parois de sa prison, a toujours la tête dirigée du côté de son opercule ; aussi lui est-il facile de se faire jour en le poussant audehors.

Enregistrons encore ce nouvel exemple de la nature prévoyante, et ajoutons, comme une nouvelle preuve de sa sollicitude, que, ces insectes ne volant pas, et étant destinés à vivre sur les branches et les feuilles des arbres, l'organisation de leurs tarses est en rapport parfait avec ce genre de vie.

Leurs quatre premiers articles sont garnis en dessous d'une espèce de tubercule membraneux, qui leur permet d'adhérer à la surface des corps, et le cinquième supporte deux crochets très-forts, entre lesquels on aperçoit un corps triangulaire qui semble pouvoir faire le vide.

On conçoit qu'avec de pareils organes, les phasmes doivent être fixés très-solidement sur les branches des arbres où ils se traînent ; ce qui était indispensable à cause du grand volume de leur corps.

Les Sauterelles, famille des *Sauteurs*. — Les mâles appellent leurs femelles ordinairement en frottant leurs cuisses postérieures sur les élytres et sur les ailes : ces cuisses alors font l'effet d'un archet de violon (1).

Ces insectes sautent avec facilité à l'aide des cuisses de leurs pattes de derrière, très-renflées à la base, renfermant des muscles puissants dont l'action se communique à des jambes fort longues et que terminent plusieurs épines mobiles. Lorsque les muscles des cuisses se contractent, les jambes qui tendent à se porter sur la même ligne qu'elles, s'appuient sur les épines dont la mobilité donne à tout le membre un mouvement

(1) Les femelles n'ayant pas d'organes du chant, et les mâles en possédant toujours, nous devons en conclure que cet appareil musical leur a été donné, ainsi qu'aux mâles des cigales, pour appeler leurs femelles ; cette conclusion nous semble d'autant plus admissible, qu'il ne s'agit pas ici d'un simple frottement mécanique, mais bien d'un véritable instrument dont nous allons expliquer le mécanisme, qui du reste est assez simple : les élytres offrent vers leur base une facette de forme arrondie, entourée de rides et de saillies très-fortes, et qu'une membrane fort légère tapisse. C'est par le frottement des rides et par la vibration de la membrane, que le son est produit.

élastique qui élève le corps en l'air, d'autant
plus facilement, que les ailes aident encore à ce
mouvement. Les épines qui terminent les jambes
postérieures des sauterelles, sont bien plus fortes
que toutes les autres épines des pattes ; mais elles
ne sont pas les seules qui possèdent la faculté
de se mouvoir. Le côté intérieur des jambes de
derrière, et les deux côtés, externe et interne,
des autres jambes, sont garnis dans toute leur
longueur de semblables épines qui sont quelquefois très-fortes et très-acérées. Elles se meuvent
dans une petite cavité par une surface arrondie
et sensiblement saillante, et ces épines, qui
souvent sont longues, ne peuvent s'écarter de
la jambe sur laquelle elles sont implantées,
qu'en formant un angle aigu. Sans cette disposition toute rationnelle, elles s'appliqueraient
sur toutes les parties de la jambe, et leur action,
dans ce cas, serait tout à fait nulle. Quant aux
épines très-nombreuses et fortes qui revêtent le
dessus des jambes de derrière, elles sont entièrement immobiles, et servent à la défense de l'animal, ou du moins cela est très-probable.

Observation. Ajoutons, à ces détails curieux, que les articles des tarses de ces insectes ónt une structure parfaitement appropriée au séjour qu'ils font sur les plantes. Ils sont larges, membraneux en dessous, et adhèrent fortement, à l'aide des deux crochets qui terminent leur dernier article, aux végétaux dont ils se nourrissent en partie. Disons aussi quelques mots des tarières des femelles, qui leur servent à déposer leurs œufs : c'est un organe formé de deux lames cornées, qui s'appliquent l'une contre l'autre, et peuvent s'écarter à la volonté de l'animal.

Quand la femelle veut pondre, elle enfonce sa tarière dans le sol. Après quelques mouvements, les deux lames de cette tarière parviennent assez avant, s'écartent, et laissent tomber les œufs un à un.

Les Courtillières (Taupe-Grillon). — Ces insectes sont très-remarquables par l'admirable structure de leurs jambes de devant, elles sont élargies et dentées de manière à simuler une sorte de main, qui a quelque analogie avec celle de la taupe. Comme elle, ils creusent des galeries souterraines. Un autre caractère bien singulier des courtillières, consiste dans le volume de leur corselet ou prothorax. Assez semblable à une carapace d'écrevisse, il embrasse les côtés du corps, et ne semble avoir reçu un si grand développement que pour cacher la poitrine, qui remonte sous le corselet, parce qu'elle est destinée à donner aux pattes antérieures une insertion plus solide; une hanche énorme suivie d'un trochanter saillant; une cuisse très-volumineuse donnant insertion à une jambe large; des dentelures ou épines fortes, acérées et immobiles au bord antérieur de cette jambe, tels sont les instruments que doit supporter la poitrine.

Le tarse placé sur la face extérieure de la jambe de devant, se meut sur elle comme une lame de ciseaux, et, par le moyen de ses dentelures qui se croisent avec celles de la jambe, il fait l'office d'une véritable scie (1).

(1) Nous ne chercherons pas à expliquer pour quel motif ont été créés des insectes qui sont si nuisibles aux agriculteurs; celui qui les a faits pourrait seul nous faire connaître ses raisons. Contentons-nous de croire qu'il en avait de bonnes, et bornons-nous à admirer cette organisation

A l'aide de ces véritables outils, ces insectes coupent ou détachent des racines de plantes, mais moins pour s'en nourrir que pour se faire un passage. La femelle se creuse en été, à la profondeur d'environ 20 centimètres, une cavité souterraine arrondie, et lisse à l'intérieur, où elle dépose 200 à 400 œufs; ce nid, avec la galerie qui y conduit, ressemble à une bouteille dont le cou est courbé. Ses petits vivent quelque temps en société pour le fléau des agriculteurs.

Le grillon des champs se creuse, sur les bords des chemins, des trous assez profonds où il se

dont toutes les parties sont si parfaitement construites pour l'usage que l'insecte en fait. Si nous concédons encore aux naturalistes qui prétendent que les organes se modifient suivant les circonstances, qu'à la rigueur on pourrait comprendre que les pattes antérieures des taupes-grillons, forcées de creuser des galeries sous terre, eussent pu à la longue acquérir un certain développement et une certaine force; comment expliquer la présence de ces dentelures acérées, ce tarse placé si à propos sur l'extérieur de la jambe, et qui se meut sur elle, afin que ses dentelures viennent se croiser avec celles de la jambe? N'est-il pas évident que, dès le principe, tout a été disposé dans ce mécanisme curieux pour obtenir un outil convenable pour couper les racines, etc.?

Moldavie, la Valachie, la Transylvanie, la Hongrie et la Pologne. En 1749, ils pénétrèrent jusqu'en Suède. Dans ces différentes apparitions, ils détruisirent d'abord les herbes et les plantes les plus tendres, ensuite les feuilles des arbres, puis leur écorce. En 1780, le Maroc fut victime des ravages terribles de ces criquets, qui y causèrent une horrible famine. Les pauvres déterraient les racines des végétaux et s'en nourrissaient ; les rues des villes et les chemins étaient jonchés de cadavres.

Les Ptérochrozes. — Ces insectes sont très-curieux à cause de leurs élytres, qui ressemblent d'une manière frappante à une feuille ; leur forme large, ovale, pointue à l'extrémité, la nervure qui les parcourt d'un bout à l'autre et qui se trouve placée presque sur le milieu, les petites nervures qui partent de cette sorte de côte et la couleur verte de ces élytres, contribuent à rendre cette ressemblance d'autant plus parfaite, qu'ils sont placés verticalement dans le repos et appuyés l'un contre l'autre. Lorsque ces élytres sont détachés de l'insecte, ils ont tellement

l'aspect d'une feuille qu'on pourrait s'y mé-
prendre.

Les Pentatomes grises, ordre des *Hémiptères*, famille des *Géocorises*. — Ces insectes
gardent et conduisent leurs petits comme une
poule conduit ses poussins.

Les Réduves masquées s'approchent des mouches et de divers insectes, à petits pas, s'élancent
ensuite dessus, et les font périr sur-le-champ par
leurs piqûres.

Les Notonectes, famille des *Hydrocorises*
ou *Punaises d'eau*. — Ces insectes ont été appelés aussi *Punaises à avirons*, à cause de la
forme des pattes postérieures qui sont parfaitement disposées pour la natation.

Les notonectes nagent sur le dos, de manière
que le ventre est supérieur. La région dorsale
est relevée en dos d'âne, et revêtue d'une espèce
de velouté qui la rend imperméable ; des franges fines garnissent les pattes postérieures, les
bords de l'abdomen, du thorax, etc. ; elles s'é-
talent à la volonté de l'insecte, comme des nageoires, et contribuent, comme on doit le penser,

à rendre facile cette attitude en supination, et à augmenter la vitesse des mouvements natatoires.

OBSERVATION. Nous plaçons ici quelques phrases écrites par le savant Léon Dufour, sur l'attitude exceptionnelle des notonectes (1). Nous engageons nos lecteurs à bien se pénétrer de ces réflexions toutes philosophiques, attendu qu'à chaque page, il peut trouver à en faire l'application. « Puisque la nature, qui semble si souvent se faire un jeu de produire des exceptions bizarres qui attestent l'immensité de ses ressources, avait condamné cet animal à passer sa vie dans une posture renversée, il fallait bien, pour le maintien de son existence, qu'elle lui donnât une organisation en harmonie avec cette attitude ; c'est aussi dans ce but que la tête est fortement inclinée sur la poitrine ; que les yeux, de forme ovalaire, peuvent exercer la vision en haut et en bas ; que les pattes antérieures, ainsi que les intermédiaires, agiles et arquées, uniquement des-

(1) Ces réflexions sont extraites de son excellent ouvrage sur les hémiptères, ouvrage rempli d'observations que l'on ne saurait trop relire.

tinées à la préhension, peuvent se débander en quelque sorte, à la faveur des hanches allongées qui les fixent au corps, et accrocher solidement leur proie avec les griffes robustes qui terminent leurs tarses. »

Les Cercopes écumeuses, F. des *Cicadaires,* nommées aussi *écume printanière, crachat de grenouille.* — Cet insecte, à l'état de larve, étant revêtu d'une peau molle, trop délicate pour rester exposé à l'air, a le pouvoir de faire sortir, par l'extrémité postérieure de son corps, un grand nombre de petites bulles d'air, formées par un liquide visqueux, et qui s'agglutinent et s'arrangent les unes contre les autres, de manière à former un amas d'écume qui sert d'habitation et de couverture à cette larve qui, si vous la privez de son abri, se met aussitôt en devoir de le refaire.

C'est sous ce même abri desséché et changé en une pellicule mince, unie, transparente, que l'insecte subit ses deux dernières métamorphoses ; il n'en sort en la perçant, qu'après avoir acquis des ailes.

Les **Chrysis**, O. des *Hyménoptères*, sont des insectes très-remarquables par la richesse et l'éclat de leurs couleurs, ils vont de pair avec les colibris et les oiseaux mouches; c'est pourquoi on leur donne aussi le nom de *Guêpes dorées.*

Les **Fourmis**, F. des *Hétérogynes*, vivent, ainsi que les guêpes et les abeilles, en société, elles travaillent d'un commun accord à des ouvrages qui ont pour but l'utilité générale de la petite république dont elles sont membres. On trouve parmi ces intéressants insectes des individus de trois sortes : des mulets, des mâles et des femelles. Ce sont les mulets qui sont chargés de tous les détails de leur curieux travail. Lorsqu'on examine avec attention le monticule que les fourmis ont élevé, on voit qu'il est arrangé de manière à éloigner les eaux de la fourmilière, à ménager la chaleur du soleil, ou la conserver dans l'intérieur du nid (1). Le

(1) Nous devons observer que les voûtes de ces monticules reposent sur des piliers, et que leur structure est calculée avec une telle justesse, que leur pesanteur et

dôme cache la partie la plus remarquable de l'établissement, qui s'étend sous terre à une grande profondeur : on y observe des avenues, ménagées avec soin ; ces avenues ont la forme d'entonnoir, elles conduisent du faîte dans l'intérieur de la fourmilière.

Le soir, les fourmis ont le soin de fermer leurs portes, avec de petites poutres qu'elles apportent et qu'elles croisent dans tous les sens. Les neutres donnent la becquée aux larves, les transportent, dans les beaux jours, à la superficie extérieure de leur habitation, pour leur procurer de la chaleur, les redescendent plus bas, aux approches de la nuit ou du mauvais temps, et les défendent contre les attaques de leurs ennemis.

OBSERVATION. Nous n'avons pas voulu terminer cet article sans y joindre le récit de plusieurs actes qui prouvent, jusqu'à l'évidence,

leur étendue sont toujours en rapport parfait avec la force de leurs étais. Des poutres, des solives et d'autres pièces de charpente, dont l'ingénieuse combinaison atteste les règles de l'art, servent à établir les toits.

que les curieux hyménoptères dont nous venons de parler, ont reçu de la nature une intelligence beaucoup plus développée qu'on ne le croit ordinairement.

1° Un auteur digne de foi rapporte que des ouvrières étant à la quête des provisions, trouvèrent des denrées d'un volume un peu trop considérable pour les rapporter dans les dépôts. Pour vaincre cette difficulté, elles se rassemblèrent en nombre suffisant et parvinrent, non sans peine, à transporter l'objet trouvé. Une des ouvrières ayant été blessée pendant le voyage, ses compagnes s'empressèrent de l'aider à regagner le logis, en la portant.

2° M. Hubert, qui nous a laissé un ouvrage remarquable sur les fourmis, affirme que ces insectes soignent et entretiennent des pucerons, destinés à leur nourriture ou à celle de leurs larves, afin d'avoir toujours des provisions en réserve. Cet auteur ajoute que les fourmis portent même leur attention jusqu'aux œufs de ces pucerons.

3° M. Félix Dujardin, naturaliste distingué,

rapporte qu'étant jeune, il boucha avec une petite pierre un trou de fourmis dans une muraille ; il remarqua que ces insectes parurent d'abord fort embarrassés ; mais bientôt les fourmis qui étaient dehors et ne pouvaient rentrer, s'avisèrent de s'accrocher les unes aux autres, de manière à former une chaîne dont l'extrémité aboutissait à la pierre sur laquelle se réunissaient ainsi tous leurs efforts ; les prisonnières de leur côté poussaient par dedans, de sorte que la pierre tomba au grand contentement des unes et des autres.

4° Le célèbre Lyonet nous a laissé, sur des fourmis des Indes orientales, ce morceau rempli d'intérêt :

« Ces fourmis, dit-il, ne marchent jamais à découvert ; mais elles se font toujours des chemins en galerie pour parvenir là où elles veulent aller. Lorsque, occupées à ce travail, elles rencontrent quelque corps solide qui n'est pas pour elles d'une dureté impénétrable, elles le percent et se font jour au travers : elles font plus, par exemple, pour monter au haut d'un

pilier, elles ne courent pas le long de la superficie extérieure ; elles y font un trou par le bas,
elles entrent dans le pilier même, et le creusent
jusqu'à ce qu'elles soient parvenues au haut.
Quand la matière, au travers de laquelle il
faudrait se faire jour, est trop dure, comme
le seraient une muraille, un pavé de marbre, etc.,
elles s'y prennent d'une autre manière : elles
se font le long de cette muraille ou sur le pavé,
un chemin voûté, composé de terre liée par le
moyen d'une humeur visqueuse ; et ce chemin
les conduit où elles veulent se rendre. La chose
est plus difficile lorsqu'il s'agit de passer sous
un amas de corps détachés. Un chemin qui ne
serait que voûté par-dessus, laisserait par-dessous
trop d'intervalle au vent, et formerait une route
trop raboteuse, cela ne les accommoderait pas ;
aussi y pourvoient-elles, mais c'est par un plus
grand travail. Elles se construisent alors une
espèce de tube, un conduit en forme de tuyau,
qui les fait passer par-dessus cet amas, en les
couvrant de toutes parts. Des fourmis de cette
espèce ayant pénétré dans un magasin de la

compagnie des Indes orientales, au bas duquel il y avait un tas de clous de girofle qui allait jusqu'au plancher, firent un chemin creux et couvert qui les conduisit par-dessus ce tas, sans le toucher, au second étage. Pour opérer cette ascension, elles percèrent le plancher, et gâtè-rent, en peu d'heures, pour plusieurs milliers d'étoffes des Indes, au travers desquelles elles se firent jour.

» Des chemins d'une construction si pénible, semblent devoir coûter un temps excessif aux fourmis qui les font : il leur en coûte pourtant beaucoup moins qu'on ne croirait. L'ordre avec lequel une grande multitude y travaille, fait avancer la besogne. Deux grandes fourmis, qui sont apparemment deux femelles, ou peut-être deux mâles, puisque les mâles et les femelles sont ordinairement plus grands que les fourmis du troisième ordre, deux grandes fourmis, dis-je, conduisent le travail et marquent la route. Elles sont suivies de deux files de fourmis ouvrières, dont les fourmis d'une file portent de la terre, et celles de l'autre une eau visqueuse. De ces deux fourmis les plus avancées, l'une pose son morceau de terre contre le bord de la voûte ou du tuyau du chemin commencé ; l'autre détrempe le morceau, et toutes deux le pétrissent et l'attachent contre le bord du chemin. Cela fait, ces deux rentrent, vont se pourvoir d'autres matériaux et prennent ensuite leur place à l'extrémité postérieure des deux files. Celles qui, après celles-ci, étaient les premières en rang, aussitôt que les premières sont rentrées, déposent pareillement leur terre, la détrempent, l'attachent contre le bord du chemin, et rentrent pour chercher de quoi continuer l'ouvrage. Toutes les fourmis qui suivent à la file, en font de même, et c'est ainsi que plusieurs centaines de fourmis trouvent toutes moyen de travailler dans un espace fort étroit sans s'embarrasser, et d'avancer leur ouvrage avec une vitesse surprenante. »

5° Voici maintenant le récit d'une bataille singulière que se livrèrent deux espèces de fourmis, l'une la *Formica-Rufa*, l'autre la *Fofusca* ; c'est **M. Hanhart**, témoin oculaire, qui parle :

« Ces insectes, dit-il, s'approchèrent dans un

ordre de bataille composé de leurs divers escadrons, et marchaient dans le plus grand ordre. Les *Formica-Rufa* s'avançaient sur une colonne de front, formant une ligne de trois à quatre mètres de long, flanquée de différents corps, disposés en carrés et composés de vingt à soixante combattants. On voit que ces fourmis affectaient ce que le chevalier Folard appelle l'*Ordre mince*.

» La seconde espèce, plus nombreuse, avait une ligne beaucoup plus étendue, quoiqu'elle eût deux ou trois combattants d'épaisseur. Cette disposition, plus savante, se rapprochait davantage de l'ordre profond.

» Les *Fofusca* laissèrent des détachements près de leurs collines ou fourmilières, pour les défendre contre une attaque imprévue. La grande ligne était flanquée sur la droite d'un corps compacte de plusieurs centaines de combattants ; un corps semblable, de plus de mille, flanquait l'aile gauche. Ces différents corps avançaient dans le plus grand ordre, et sans changer leurs positions respectives. Les deux corps latéraux ne prirent point part à l'action principale ; celui de l'aile droite fit une halte pour former une armée de réserve, tandis que le corps qui marchait en colonne à l'aile gauche, manœuvrant de manière à tourner l'armée ennemie, s'avança rapidement vers la fourmilière des *Formica-Rufa* et la prit d'assaut.

» Les deux armées s'attaquèrent avec acharnement et combattirent longtemps sans rompre leurs lignes. A la fin, le désordre se mit sur différents points, et la bataille continua par groupes détachés.

» Après un combat sanglant, qui se prolongea de trois à quatre heures, les *Formica-Rufa* furent mises en fuite, abandonnèrent leurs deux fourmilières, et se réfugièrent sur d'autres points avec les débris de leur armée. Ce qu'il y avait de plus intéressant dans cette scène singulière, c'était de voir ces insectes se faisant réciproquement des prisonniers et transportant leurs propres blessés sur leurs derrières. Ils montraient tant de dévouement pour ces blessés, que les *Formica-Rufa,* en les transportant, se laissaient tuer sans résistance par leurs ennemis, plutôt que d'abandonner leurs charges » (1).

6° Mlle de Méran parle d'une espèce de fourmis d'Amérique qui emploie un moyen singulier,

(1) L'exact observateur Hubert qui, dans un ouvrage remarquable sur les fourmis, donne des détails fort curieux sur les combats que se livrent entre elles différentes espèces, fait mention d'un des plus singuliers traits de prudence dont l'histoire des insectes nous fournisse l'exemple ; c'est ainsi que s'exprime ce savant naturaliste : « Longtemps avant que le succès puisse être douteux, les fourmis noir-cendré apportent leurs nymphes au dehors de leurs souterrains, et les amoncellent à l'entrée du nid, du côté opposé à celui d'où viennent les fourmis sanguines, afin de pouvoir les emporter plus aisément si le sort des armes leur est contraire ; leurs jeunes femelles prennent la fuite du même côté ; le danger s'approche ; les sanguines se trouvant en force se jettent au milieu des noir-cendré, les attaquent sur tous les points, et parviennent jusque sur le dôme de leur cité. Les noir-cendré, après une vive résistance, renoncent à la défendre, s'emparent des nymphes qu'elles avaient rassemblées hors de la fourmilière, et les emportent au loin. Les sanguines les poursuivent et cherchent à leur ravir leur trésor. Toutes les noires sont en fuite ; cependant, on en voit quelques-unes se jeter avec un véritable dévouement au milieu des ennemis, et pénétrer dans les souterrains, dont elles soustraient encore au pillage quelques larves qu'elles emportent à la hâte. »

et qui est fort ingénieux, pour passer d'un point à un autre. Voici de quelle manière ces intelligentes fourmis établissent une espèce de pont : Une d'elle saisit un morceau de bois qu'elle tient serré entre ses mandibules. Une seconde vient s'attacher à cette première, et ainsi des autres, qui sont plus ou moins nombreuses, selon l'espace qu'il faut franchir. Cette sorte de cordon ainsi formé se laisse emporter par le vent, jusqu'à ce que l'extrémité volante ait atteint le côté opposé, où la dernière fourmi se cramponne, et aussitôt plusieurs milliers d'autres fourmis passent sur ce pont si ingénieusement improvisé.

7° M. Lacordaire et M. Lund, naturalistes très-distingués, ont été témoins, à Cayenne et au Brésil, du passage d'armées de fourmis. Ils ont remarqué que l'espèce de fourmi, nommée *Atta Cephalotes*, avait pour chefs, lorsqu'elle allait en expédition, des individus dont la tête seule égalait en grosseur le corps entier des autres. Ces observateurs ont vu avec surprise que ces chefs ne se confondaient pas avec le gros de l'armée, qu'ils étaient placés sur les flancs de colonnes, qu'ils marchaient en avant, puis revenaient sur leurs pas, s'arrêtaient un instant comme pour voir défiler la troupe, traversaient de temps en temps les rangs, enfin se portaient avec promptitude où leur présence semblait nécessaire, lorsque, par exemple, l'armée rencontrait quelqu'obstacle sur la route. Ils les ont vus souvent grimper sur des plantes, se poster sur l'extrémité d'une feuille et regarder le passage de leurs troupes. M. Lund dit avoir suivi une colonne de fourmis pendant cinq jours, et M. Lacordaire assure avoir vu à Cayenne une de ces grandes armées passer dans un bois. Elle avait environ cent pas de largeur ; ses premières colonnes étaient à une distance telle qu'il ne put la vérifier ; l'arrière-garde ne passa qu'un jour et demi plus tard, quoique la troupe marchât rapidement et ne s'arrêtât nulle part (1).

(1) Si nous ajoutions à toutes ces intéressantes observations celles qui ont été faites par les observateurs de l'antiquité, il nous faudrait encore bien des pages, en ne rapportant même que celles qui méritent toute confiance. Cicéron et Plutarque notamment, se plaisaient à accorder

. . . .
. . . .

aux fourmis une intelligence et un raisonnement, qui les plaçaient en quelque sorte au-dessus de l'homme ; mais, malgré notre admiration pour les habitudes et les ruses de ces insectes, notre enthousiasme ne va pas jusqu'à partager l'opinion de ces hommes célèbres.

FIN.

TABLE DES MATIÈRES

FIN DU TOME PREMIER.

ERRATA.

Page 2, ligne 2 de la note: dans un autre volume, *lisez:* à la suite de cet ouvrage,
Page 196, figure 2, *lisez:* figure 3.
Page 197, figure 3, *lisez:* figure 2.
Page 197, figure 5, *g, h, i, lisez:* 3, 2, 4.

METZ. — IMPRIMERIE DE S. LAMORT.

OPINIONS DE DIVERS AUTEURS

Sur les ouvrages de Lyonet et de Réaumur.

L'inimitable travail de Lyonet, sur la Chenille du Saule, est un véritable chef-d'œuvre d'habileté et de patience. CUVIER.

Le Traité de la Chenille du Saule par Lyonet, est une des plus belles démonstrations, en fait, de l'existence d'une première cause. BONNET.

Le Traité anatomique de la Chenille du Saule par Lyonet, est un des plus admirables ouvrages qui aient jamais paru sur l'anatomie d'aucune classe d'animaux. Ce livre lui a valu une réputation immortelle; Lyonet était un de ces hommes doués d'une capacité universelle, tels qu'il en apparaît à d'assez rares intervalles. LACORDAIRE.

Il faudrait plus qu'une vie tout entière, à celui qui observerait sans méthode, pour voir tout ce que Réaumur a vu. FÉLIX DUJARDIN.

Réaumur était un des savants les plus distingués et un des premiers physiciens de son époque. Son talent consistait surtout dans l'observation, et si, à cet égard, il a eu des rivaux, on ne lui connaît point de supérieur. Les observations contenues dans ses Mémoires suffiraient pour illustrer plusieurs Entomologistes. Personne n'a montré plus de talent dans l'art de disposer ses expériences, de patience pour les suivre jusque dans leurs dernières conséquences, et surtout, un esprit plus dégagé de toute influence systématique et d'idées préconçues. LACORDAIRE.

L'ouvrage de Réaumur est excellent en son genre. Cet académicien est peut-être le seul qu'on puisse dire avoir véritablement approfondi le sujet, surtout par rapport à ce qui regarde l'industrie des insectes et le mécanisme de leurs opérations; il les a suivis dans leurs actions les plus cachées, et nous rend un compte très-exact des moyens singuliers qu'ils emploient pour parvenir à leurs fins. LYONET.

* 9 7 8 2 0 1 1 3 4 0 3 6 8 *